le roman
des momies

Pointes de flèches d'une tombe des sables, en Egypte, vers 3000 av. J.-C.

Palette en ardoise, d'une tombe égyptienne, vers 3000 av. J.-C.

Boucles d'oreilles en or provenant d'une tombe péruvienne

Poterie anthropomorphe d'une sépulture péruvienne

Poupée péruvienne inhumée avec une momie

Sarcophage de momie de musaraigne, Egypte, vers 600 av. J.-C.

Vases canopes égyptiens, destinés à contenir les viscères du taureau sacré Apis (à gauche) et d'un homme (à droite)

Pot retrouvé dans une tombe au Pérou

le roman des momies

Figure en bois d'Anubis, le dieu égyptien de l'embaumement

Main d'une momie égyptienne, avec les doigts bandelettés séparément

par

James Putnam

en association avec le British Museum, Londres

Photographies originales de Peter Hayman, du département des Antiquités égyptiennes du British Museum

Visage d'un sarcophage égyptien en bois

Amulettes magiques à l'effigie des quatre fils du dieu Horus

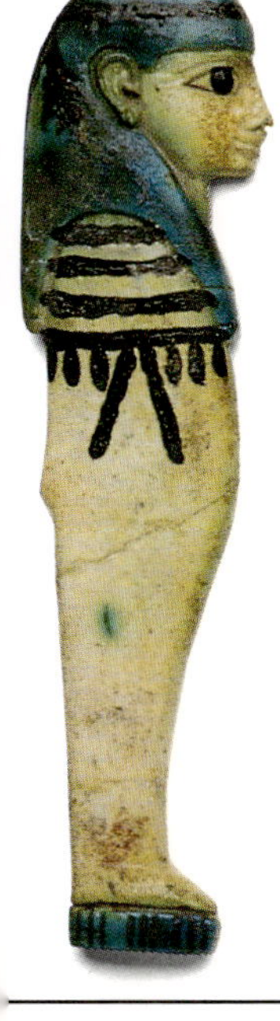

GALLIMARD

Amulette-œil oudjat

Couteau en silex trouvé dans une tombe égyptienne, vers 3000 av. J.-C.

Amulette en
forme de poing

Comité éditorial

Londres :
Louise Barratt, Bob Gordon, Julia Harris,
Cynthia Hole, Helen Parker, Scott Steedman
et le département des Antiquités égyptiennes
du British Museum

Paris :
Christine Baker, Françoise Favez,
Manne Héron et Jacques Marziou
Edition française préparée par
Frédéric Morvan, historien

Publié sous la direction de

Peter Kindersley,
Jean-Olivier Héron
et
Pierre Marchand

Tête de momie égyptienne

Momie-paquet
Chimu (Pérou)

Sarcophage
en bois doré
d'une prêtresse
égyptienne, vers
125 av. J.-C.

ISBN 2-07-056848-2
La conception de cette collection est le fruit
d'une collaboration entre les Editions Gallimard
et Dorling Kindersley

Dépôt légal : février 1993. N° d'édition : 57099
Imprimé à Singapour

SOMMAIRE

Jarre égyptienne contenant des bandelettes de momie en lin

LES MOMIES TÉMOIGNENT DE NOTRE PASSÉ

Les momies sont des corps d'hommes ou d'animaux conservés après la mort. Le mot fut d'abord employé pour désigner les corps bandelettés des Égyptiens, mais tout cadavre qui a gardé son enveloppe peut être considéré comme une momie. Certaines dépouilles, dans des conditions exceptionnelles, se sont conservées, momifiées, naturellement, dans des zones marécageuses (pp. 58-59) ou dans des conditions de froid extrême. Mais la plupart du temps, les corps sont conservés par déshydratation. Certaines civilisations ont développé des techniques chimiques – l'embaumement – pour y parvenir artificiellement. Les Égyptiens se distinguent par leur habileté et par la sophistication de leurs coutumes funéraires; mais d'autres peuples ont également embaumé leurs morts. Où qu'elle soit pratiquée, la momification revêt une signification religieuse qui témoigne d'une croyance en une forme de vie après la mort.

POURQUOI « MOMIE » ?
Les momies égyptiennes étaient enduites de résines noires. Les Arabes, qui envahirent l'Egypte au VIIe siècle apr. J.-C., les nommèrent *mummiya*, qui signifie bitume dans leur langue.

ANIMAUX EMPAILLÉS
A l'inverse des momies, les animaux empaillés sont généralement un peu plus que de la peau desséchée ayant conservé des plumes ou de la fourrure. Le taxidermiste habille en réalité une structure métallique, pour que l'animal conserve son aspect d'origine.

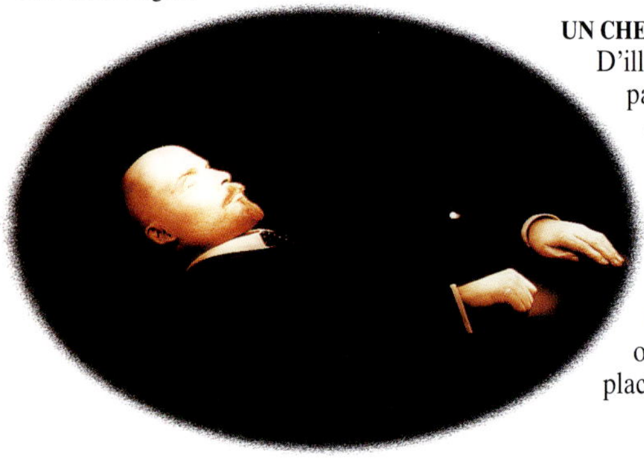

UN CHEF
D'illustres personnages sont parfois momifiés. Lénine, par exemple, a été conservé grâce à un procédé technique resté secret utilisant de la paraffine. Des millions de visiteurs ont pu voir son corps, à Moscou, dans le mausolée où il repose, sur la place Rouge.

ENTIÈREMENT BANDELETTÉE
C'est l'une des plus anciennes momies égyptiennes, datant de 2400 av. J.-C. Les doigts et les orteils étaient bandelettés un par un.

DANS L'AU-DELÀ
Les Egyptiens croyaient que l'âme du défunt quittait le corps au moment de sa mort. Après les funérailles, l'âme rejoignait le corps, et la momie vivait alors éternellement. La seule condition à cette «survie» était une bonne conservation du corps, bandeletté puis couché dans un cercueil ou un sarcophage. Les techniques d'embaumement se sont développées tout au long de l'histoire de l'Egypte ancienne, atteignant leur plus haut niveau de perfection autour de 1000 av. J.-C. Trois siècles après J.-C., les Romains qui vivent en Egypte sont toujours momifiés (pp. 42-43). Cette momie parfaitement bandelettée (ci-contre), celle d'un homme de cinquante ans, se situe entre 1085 et 305 av. J.-C.

BOUDDHA MOMIFIÉ
Certains moines bouddhistes du Japon pratiquaient traditionnellement l'embaumement. Les momies étaient exposées dans les temples où elles étaient adorées comme des statues. Les prêtres momifiés accédaient au titre de Nikushin-Butsu, c'est-à-dire «corps de Bouddha». Ici, le prêtre Ttetsumonkai, qui se prépara à son embaumement en observant un régime adapté pendant les trois dernières années de sa vie. Lorsqu'il mourut en 1829, les autres prêtres n'eurent plus qu'à le «fumer» à la bougie.

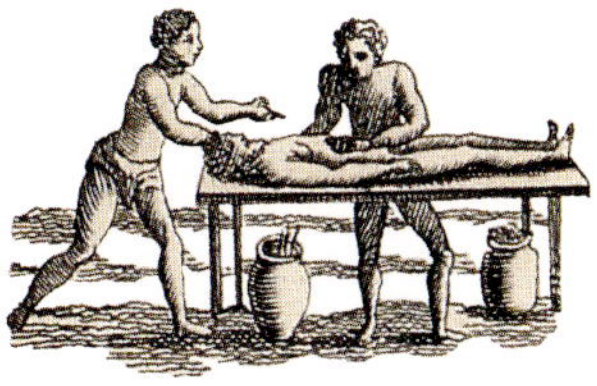

EMPÊCHER LA DÉCOMPOSITION
Les embaumeurs égyptiens savaient que les viscères étaient les premiers organes à se décomposer ; ils ôtaient donc les poumons, le foie, l'estomac et les intestins en pratiquant une incision dans le flanc gauche du cadavre (pp. 14-15). Le cerveau était généralement extrait par le nez. Le corps une fois vidé pouvait alors être desséché dans un bain de natron, un sel déshydratant naturel. Embaumer, au sens propre, signifie «enduire de balsam», oindre d'une huile parfumée. En effet, après avoir été déshydratées, les momies égyptiennes étaient enduites d'onguents, d'huiles et de résines pour conserver à la peau sa souplesse et son apparence de vie.

Couvercle du sarcophage

Vêtement à capuche en peau de phoque

GARÇON ESKIMO
Ce bébé inuit (eskimo), âgé de six mois, est mort vers 1475. Il fait partie d'un groupe de huit momies qui furent découvertes dans une falaise du Groenland en 1972. Suivant la tradition inuit, il a été habillé de vêtements chauds. Protégé du soleil et de la neige par une saillie rocheuse, le corps de l'enfant a été lentement lyophilisé par l'air glacial de l'arctique (p. 63).

DE BEAUX CHEVEUX...
Cette tête de momie égyptienne féminine date d'environ 1600 av. J.-C. Comme cela arrive parfois, les chairs se sont décomposées mais la chevelure s'est bien conservée.

LA DEMEURE DE LA MOMIE
Les momies égyptiennes étaient généralement ensevelies dans des tombes. Les pharaons, rois et reines, firent édifier des pyramides pour abriter leurs sépultures. Ici, les fameuses pyramides de Gizeh. Ces tombes ont été fréquemment pillées car les momies étaient enterrées avec de nombreux trésors.

PHARAON D'OR
Toutankhamon (pp. 38-39) n'est pas un souverain important, mais sa tombe, découverte intacte en 1922, était remplie de trésors et d'œuvres d'art. Ici le masque de la momie royale, en or massif; comparée à celles d'autres pharaons, sa momie était en piètre état.

Couteau en silex enseveli avec le corps

LA MOMIFICATION EST PARFOIS NATURELLE

Certaines des momies les plus étonnantes ont été conservées par hasard. On trouve ces momies naturelles sous des climats extrêmes, là où les sables secs ou un froid glacial ont, d'une manière ou d'une autre, arrêté le processus de décomposition. Celle-ci est provoquée par des bactéries qui se multiplient dans l'eau qui représente, en poids, plus de soixante-dix pour cent du corps humain. Les sables des déserts chauds peuvent conserver un corps en le déshydratant ; de même, les dépouilles enfouies dans les régions polaires peuvent être si bien gelées qu'il n'y a jamais de décomposition. Occasionnellement, des corps ont été lyophilisés par une combinaison de température extrêmement basse et de vent très sec : on en retrouve dans quelques grottes de montagne.

NOURRIR LE CORPS
Les morts étaient enterrés avec des objets précieux, en général pour des motifs religieux. Ce pot égyptien, vieux de 5 000 ans et retrouvé dans une tombe des sables, contenait de la nourriture pour la momie dans l'au-delà.

MOMIES DE SABLE
Les plus anciennes momies égyptiennes connues remontent à 3200 av. J.-C. On les connaît mal car elles sont antérieures aux premiers témoignages écrits. Le cadavre était placé dans une tombe sommaire, sorte de tranchée ovale peu profonde creusée dans le désert, et disposé en position fœtale, la tête vers le sud, le visage tourné vers l'ouest, du côté du soleil couchant. Le corps était ensuite recouvert de sable qui permettait une momification naturelle. Les nombreux objets enterrés avec les «momies de sable» indiquent que les Egyptiens imaginaient déjà une vie après la mort. Ces tombes grossières ont dû être rapidement bouleversées par les mouvements du désert de sable, et la découverte fortuite de ces corps ayant conservé l'apparence de la vie a probablement conforté les Egyptiens dans leurs croyances. La momie de sable la plus célèbre est surnommée «Ginger» à cause de ses cheveux roux. Cette momie de femme (ci-dessus), conservée au British Museum à Londres, est connue sous le nom de «Gingerella».

Palette d'ardoise en forme de tortue

Colliers de perles et de coquillages

ORNER LE CORPS
Les objets les plus curieux trouvés dans les sépultures des sables sont des palettes d'ardoise. Elles étaient utilisées pour préparer le maquillage. On a également découvert des colliers de perles et de coquillages.

EMPREINTE DE CORPS
Plus de deux mille personnes ont trouvé la mort à Pompéi lors de la grande éruption du Vésuve en 79 apr. J.-C. Les cendres volcaniques ont pris l'empreinte de leurs corps comme un ciment liquide. Avec le temps, les cadavres se sont décomposés, et la cendre s'est transformée en pierre, conservant une empreinte exacte des victimes. Quand les ruines de Pompéi ont été dégagées, ces «corps creux» ont été remplis de plâtre liquide pour obtenir des moulages parfaits, véritables «momies» à chair de plâtre.

Trace des vêtements enroulés autour du corps

L'HOMME DE TOLLUND
Cet homme a été découvert dans les marécages de Tollund, au Danemark, en 1950 : il est mort il y a plus de deux mille ans, mais semble juste endormi. On l'a retrouvé une corde passée au cou, et on pense qu'il a été sacrifié, puis jeté dans le marais, au cours d'un rituel célébrant la fertilité du printemps.

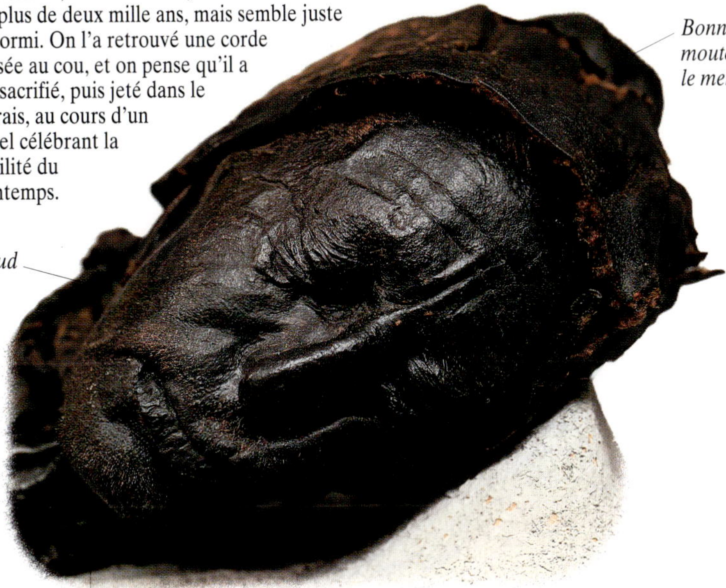

Bonnet en peau de mouton attaché sous le menton

Nœud

Barbe de deux ou trois jours

CERCUEIL DE GLACE
John Torrington est l'un des trois corps momifiés découverts dans l'arctique canadien en 1984. Il s'agissait de navigateurs anglais morts lors de l'expédition tragique, en 1845, de sir John Franklin à la recherche d'un passage Nord-Ouest. «C'est comme s'il était simplement inconscient», s'émerveilla un des scientifiques qui retrouvèrent les corps des marins disparus.

SACRIFICES DE MAÇONS
Des courants d'air froid peuvent lyophiliser des souris mortes dans les murs ou sous les planchers. En Europe, aux XVIe et XVIIe siècles, au moment de l'achèvement d'une construction, les maçons plaçaient un cadavre d'animal, avec des objets porte-bonheur, dans une niche soigneusement condamnée. Ici, une poule momifiée a été retrouvée derrière un mur de brique dans une maison du XVIIe siècle.

L'ÉGYPTE, UN PAYS HORS DU TEMPS

Les Égyptiens parvinrent à des prodiges dans la conservation des corps et de leurs biens terrestres, et ont ainsi permis à la postérité de les redécouvrir. La civilisation pharaonique prospéra sur les bords du Nil pendant près de trois mille ans, mais, jusqu'à la conquête de l'Égypte par les armées de Bonaparte en 1798, elle était pratiquement oubliée. Depuis les époques les plus reculées, les tombes avaient été ouvertes pour être vidées de leurs trésors, et, jusqu'à une période récente, on ne faisait que peu de cas des momies. Avec l'aide de la science moderne, nous savons maintenant que ces corps sans âge peuvent nous apporter des informations précieuses sur la vie et la mort dans l'Égypte ancienne.

LES RIVES DU NIL
En Egypte, la vie s'est toujours concentrée le long des berges du Nil. Dans l'Antiquité, le pays était divisé en deux régions, la Basse-Egypte au nord dont faisait partie le riche delta du fleuve, et la Haute-Egypte au sud, dont une grande partie est maintenant sous les eaux du barrage d'Assouan.

LA TOMBE DU VIEUX ROI
L'Egypte ancienne naît autour de 3000 av. J.-C. La pyramide à degrés de Saqqarah a été construite autour de 2650 av. J.-C., pendant l'Ancien Empire. Cette période est suivie du Moyen et du Nouvel Empire, puis des occupations grecque et romaine.

GARDIEN DE LA TOMBE
De magnifiques statues étaient disposées dans les tombes pour des motifs religieux. Celle-ci, en bois peint, représente Anubis, à la tête de chacal, dieu de la momification et gardien des cimetières.

ÉCRIN DE MOMIE
Après avoir été embaumée et bandelettée, la momie était couchée dans un sarcophage. Il pouvait n'être que le premier d'une longue série, emboîtés comme des poupées russes. Les sarcophages étaient couverts de peintures élaborées et de formules incantatoires destinées à assister l'esprit de la momie dans son difficile voyage pour l'au-delà.

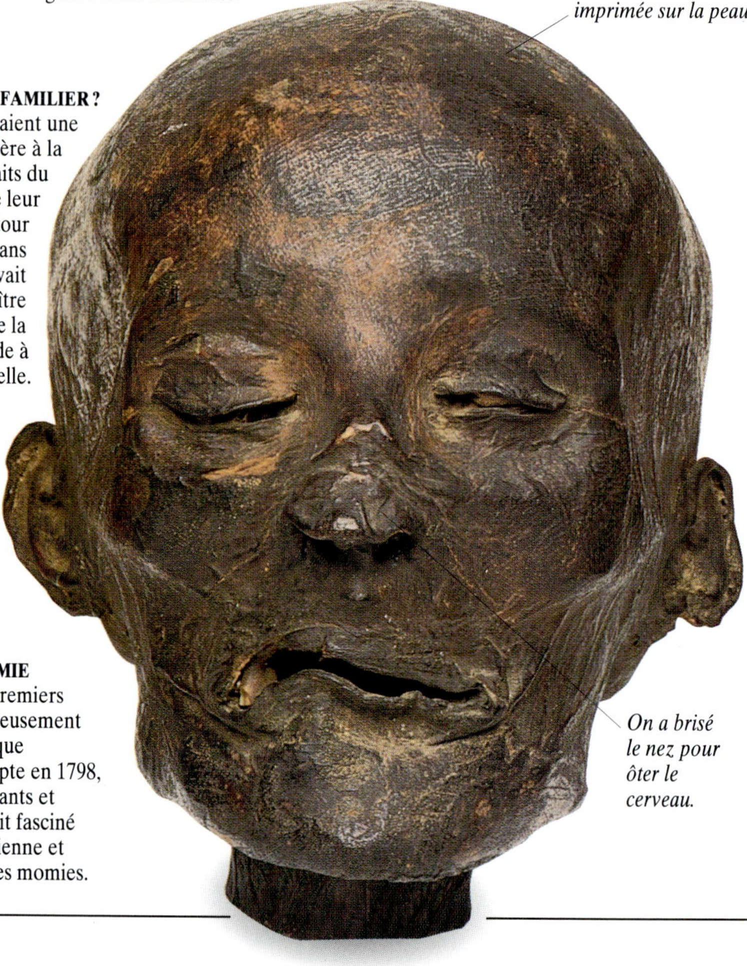

VISAGE FAMILIER ?
Les Egyptiens attachaient une importance particulière à la conservation des traits du visage, en raison de leur croyance dans le retour de l'âme du défunt dans la tombe : elle devait alors pouvoir reconnaître le corps avant que la momie n'accède à la vie éternelle.

Trame du lin des bandelettes imprimée sur la peau

On a brisé le nez pour ôter le cerveau.

BONAPARTE ET LA MOMIE
Les Français furent les premiers Européens à étudier sérieusement l'Egypte ancienne. Lorsque Bonaparte envahit l'Egypte en 1798, il est accompagné de savants et d'artistes. Bonaparte était fasciné par cette civilisation ancienne et collectionna lui-même des momies.

SCÈNES DE LA VIE QUOTIDIENNE
Les murs des tombes des anciens Egyptiens étaient décorés de peintures qui apportent des informations précieuses sur la vie de tous les jours. On a retrouvé des fresques illustrant l'agriculture, la chasse, les fêtes, les loisirs, les cérémonies religieuses ou royales...

CAPSULE TEMPORELLE
Un homme romain d'âge moyen se trouve à l'intérieur de ce bandelettage. La radiographie a montré qu'il souffrait d'arthrite.

D'ÉTRANGES SYMBOLES
Les sarcophages sont couverts de symboles religieux qui ont pour fonction d'assister le défunt. Ce ne fut que quand ils purent déchiffrer les hiéroglyphes que les égyptologues parvinrent à comprendre les croyances religieuses complexes des Egyptiens. Ces textes donnent le nom et les titres du mort.

TRAFIC DE MOMIES
Les fouilles en Egypte, sous la chaleur et dans la poussière, sont extrêmement pénibles; dans les années 1900, les momies exhumées se vendaient à prix d'or. Aux XVIe et XVIIe siècles, elles étaient réduites en poudre et utilisées en pharmacie (p. 40). On les a également employées comme combustible, car, imbibées de résine, elles brûlaient fort bien.

LE PÈRE DE L'ÉGYPTOLOGIE
Il fallut vingt ans au savant français Jean-François Champollion (1790-1832) pour déchiffrer les hiéroglyphes, l'ancienne écriture des Egyptiens, grâce à la pierre de Rosette; il annonça sa découverte en 1822.

Page ouverte de la *Description de l'Egypte*, publiée de 1809 à 1822 par les savants de la campagne d'Egypte

LE LIVRE DES MORTS OU COMMENT DEVENIR IMMORTEL

Le Livre des Morts des Égyptiens est un ensemble de formules magiques. Au Nouvel Empire (vers 1500 av. J.-C.), celles-ci étaient généralement écrites sur des rouleaux de papyrus. Le Livre comprend plus de deux cents formules, que les Égyptiens nommaient « les formules pour sortir au jour ». Chacune était une prière ou une conjuration pour le défunt, destinée à l'aider dans son difficile voyage vers l'autre monde. La momie avait besoin de deux éléments, le « Ka » et le « Ba », pour s'assurer une vie éternelle. Le « Ka » était l'énergie vitale, et, comme toute chose vivante, il avait besoin de nourriture et de boisson, fournies sous forme d'offrandes ou de représentations d'aliments placées dans la tombe (pp. 30-31). Le « Ba » était le caractère du défunt et sa capacité à se déplacer – ce que nous appellerions l'esprit ou l'âme – et était représenté sous la forme d'un oiseau. Les Égyptiens pensaient que, une fois la momie enterrée, le « Ka » restait calmement, mangeant et buvant, tandis que le « Ba » s'engageait sur le dangereux chemin qui menait au paradis. S'il y parvenait, le « Ba » retournait dans la tombe pour s'unir au « Ka » ; alors seulement le défunt devenait un immortel, ou « Akh ».

FORMULE DU LABEUR
Les shaouabtis (pp. 32-33) portent parfois une formule peinte, promesse de travailler pour le défunt dans l'au-delà.

CŒUR D'OR
Ce scarabée en or est une amulette «porte-bonheur» portée par la momie (pp. 20-21). Une formule y est gravée, devant assister le cœur au moment de la pesée. Un papyrus témoigne que des voleurs, conduits au tribunal pour y être jugés en 1125 av. J.-C., avouèrent l'avoir volé dans la tombe du roi Sobkemsaf II.

LE VOL DU « BA »
Cet oiseau-*Ba* figure dans le célèbre Livre des Morts du scribe Ani. Il illustre la formule destinée à unir le *Ba* à la momie.

PREMIERS LIVRES
Dans l'Ancien Empire, les formules magiques étaient inscrites sur les murs à l'intérieur des pyramides. Au Moyen Empire, elles sont peintes sur les cercueils, comme sur celui-ci datant de 2000 av. J.-C. Le premier Livre des Morts remonte environ à 1400 avant notre ère.

MOMIE, LÈVE-TOI !
Les oiseaux-*Ba* ont une tête humaine. A l'origine, cette statuette était probablement attachée au pied d'un sarcophage de momie. Le *Ba* lève les bras, comme s'il incitait l'esprit de la momie à se relever. Les deux bras humains tendus sont le hiéroglyphe symbolique du *Ka*.

Instrument utilisé pour toucher le visage de la momie

Ensemble des objets nécessaires à l'Ouverture de la Bouche

Adze, un instrument élevé devant le visage de la momie

L'OUVERTURE DE LA BOUCHE
Au cours de la cérémonie funéraire, la momie était l'objet d'un rituel important, appelé l'Ouverture de la Bouche. Les Egyptiens croyaient que cela rétablissait les sens de la momie, et qu'ainsi elle pouvait manger, boire et vivre normalement dans l'au-delà. Ce rituel figure dans le Livre des Morts du scribe Hunefer, datant de 1310 av. J.-C.

Prêtre vêtu d'une peau de léopard, faisant brûler de l'encens

Offrande de nourriture

Prêtre

Pleureuse

Momie

Prêtre portant un masque d'Anubis

TÊTE DE CHACAL
Ce masque d'Anubis dispose d'une mâchoire mobile. Il devait être porté par un prêtre au cours des cérémonies funéraires.

L'assemblée des dieux siégeant au moment du jugement

Osiris, dieu de la Renaissance

Le défunt et son épouse

*Oiseau-*Ba

Cœur

Anubis, le dieu-chacal, surveillant la balance

Plume de Vérité

Thot, le dieu-scribe, inscrit le verdict.

Le monstre Ammit, ici à tête de crocodile, attendant de dévorer le cœur

LA PESÉE DU CŒUR
Le rituel le plus important était la pesée du cœur. Au cours de la cérémonie, une assemblée de dieux décidait si le défunt s'était suffisamment bien conduit durant sa vie pour mériter l'éternité; ils jugeaient en plaçant sur les deux plateaux d'une balance le cœur et une plume, symbole de la vérité. Le dieu-chacal Anubis présidait la cérémonie, assisté de Thot, le dieu-scribe. Si le poids des péchés terrestres alourdissait le cœur de la momie, on jetait celui-ci au monstre Ammit qui le dévorait. Mais si le cœur pesait moins que la Plume de Vérité, la momie sortait victorieuse de l'épreuve et pouvait accéder à la vie éternelle.

LE GARDIEN DU LIVRE
Cette statuette en bois d'Osiris, dieu de la Renaissance (pp. 34-35), a été retrouvée dans une tombe; son compartiment secret abrite le Livre des Morts.

Rouleau de papyrus

Compartiment secret

LE PAPIER ÉGYPTIEN
Les scribes, écrivains professionnels de l'Egypte ancienne, copiaient le Livre des Morts sur du papyrus. Cette plante, dont on faisait de longs rouleaux semblables à du papier, poussait dans les marécages des bords du Nil.

Chacal en bois, représentant Anubis, dieu de l'embaumement

L'EMBAUMEMENT ÉTAIT UN ART

« Et aucun ver ne devra le manger », dit une formule du Livre des Morts. Les Égyptiens mirent au point une méthode de déshydratation par le natron, un sel naturel qui conserve au corps sa souplesse et l'apparence du vivant mieux que le sable chaud. Le natron absorbe l'eau, dissout les graisses et agit également comme antiseptique en détruisant les bactéries. Traditionnellement, l'embaumement durait soixante-dix jours, dont quarante étaient consacrés au traitement du corps dans le natron. Avant tout, on enlevait de la poitrine et de l'abdomen les organes vitaux, qui se décomposent le plus rapidement, en ne laissant que le cœur dont la momie avait besoin au moment du jugement dans l'autre monde (p. 13). Le corps était lavé avec du vin de palme et des épices, ensuite seulement on le couvrait de natron, et on coulait à l'intérieur une résine végétale fondue qui favorisait la conservation. Pour éviter que la peau ne se craquelle, on la frottait avec un mélange d'huile de cèdre, de cire, de natron et de gomme ; on remplissait le corps de tampons de lin, de sable, ou même de sciure de bois, pour lui conserver sa forme.

TÉMOIN DE L'EMBAUMEMENT
L'historien grec Hérodote visita l'Egypte en 450 av. J.-C. et nous livre le seul témoignage sur l'embaumement : «Dans le traitement de qualité, ils retirent d'abord le cerveau par les narines avec un instrument de fer. Ensuite ils font une incision dans le flanc avec une lame d'obsidienne tranchante par laquelle ils peuvent extraire tous les viscères. Alors ils nettoient l'intérieur du corps, en le rinçant avec du vin de palme… [ensuite] ils recouvrent le cadavre de natron pour soixante-dix jours, pas plus longtemps, et ainsi ils le momifient. Au terme de ce temps, ils lavent le corps et l'enroulent de la tête aux pieds dans des bandes du lin le plus fin, enduites de gomme.»

Amset, à figure humaine, conservait le foie.

Qebehsenouf, à tête de faucon, prenait soin des intestins.

Hapi, à tête de babouin, gardait les poumons.

Douamoutef, à tête de chacal, conservait l'estomac.

QUATRE VASES CANOPES
Les viscères de la momie étaient embaumés et bandelettés séparément. Au début du Moyen-Empire, autour de 2000 av. J.-C., ils étaient habituellement placés dans des vases appelés canopes. Chaque vase porte une tête symbolisant l'un des quatre fils du dieu Horus. Un millénaire plus tard, les viscères étaient laissés dans la momie, mais on plaçait toujours des vases canopes, vides, dans la tombe.

Couché sur une civière, le corps est recouvert de cristaux secs de natron.

Le corps, noir d'huile et de résines, est purifié par aspersion d'eau.

Embaumeurs

Chef des embaumeurs portant un masque d'Anubis

COFFRET CANOPE
Ce coffret en bois était dans la tombe d'un médecin, Gua, qui mourut vers 2050 av. J.-C.; il renfermait ces quatre vases canopes, à simples têtes humaines. Ce n'est qu'à partir de 1500 av. J.-C. que les quatre fils d'Horus (p. 20) furent réduits à l'état de simples couvercles.

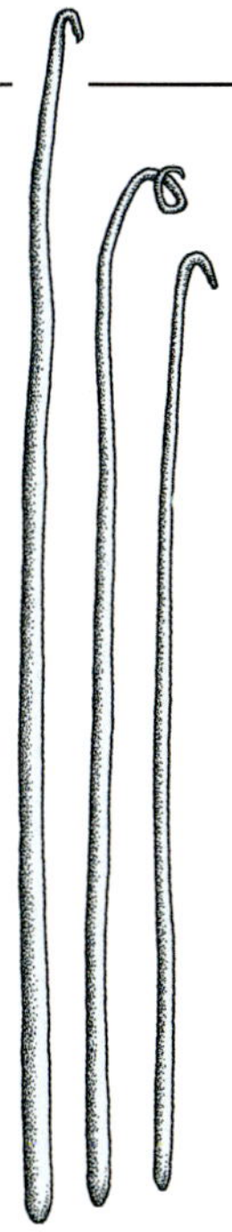

EXTRAIRE LE CERVEAU
Une baguette était habituellement enfoncée dans une narine pour percer un trou dans la boîte crânienne. On retirait ensuite le cerveau à l'aide de crochets en bronze.

BASSIN DE NATRON
Le natron, un sel naturel, abondait sur les bords des lacs dans le désert de la région du Caire.

Plaque de cire d'embaumement, décorée d'un œil de wadjet

Couteau rituel à manche en or et lame de silex

INSTRUMENTS D'EMBAUMEMENT
Lors de l'embaumement, on pratiquait généralement une incision dans le flanc gauche du cadavre. Hérodote relate que la lame du couteau était faite d'obsidienne, une sorte de vitrification volcanique qui était importée d'Ethiopie. Cependant, la plupart des couteaux rituels que l'on a retrouvés ont une lame de silex.

LÀ OÙ LE SOLEIL SE COUCHE...
Les nécropoles, les tombes, les officines d'embaumeurs se trouvaient sur la rive ouest du Nil. Les Egyptiens regardaient cette région désertique comme le domaine de la Mort.

ÉTAPE APRÈS ÉTAPE
Les meilleures représentations d'embaumement sont peintes sur le sarcophage de Djedbastiufankh, datant d'environ 600 av. J.-C.

La momie, bandelettée et portant un masque (pp. 18-19), est prise en charge par Anubis.

BIEN CONSERVÉE...
Si l'on considère que cette femme a été momifiée à l'époque où Hérodote visitait l'Egypte, elle a été remarquablement conservée. Peu après, l'Empire s'écroule et l'art de l'embaumement entre dans une période de déclin : si les embaumeurs s'attachent encore à l'apparence de la momie, ils ne se soucient plus de l'intérieur.

BANDELETTES ET SUAIRES HABILLENT LES MOMIES

MAIN DE MOMIE
Chaque doigt de cette main vieille de trois mille ans a été bandeletté séparément. L'annulaire porte un anneau d'or orné d'un scarabée (p. 44). Les bagues et autres bijoux étaient souvent spécialement fabriqués pour les momies.

Des centaines de mètres de lin étaient nécessaires à la délicate opération du bandelettage d'une momie. Le lin n'entrait pas seulement dans la composition des bandelettes, les momies étant également drapées dans des suaires. On a compté plus de vingt couches alternées de suaires et de bandelettes sur une seule momie. La disposition exacte du bandelettage et des suaires, qui varie beaucoup d'une période à une autre, est très précieuse pour leur datation. La première couche se composait toujours d'un suaire, ensuite chaque doigt et chaque orteil étaient bandelettés séparément. Une longue bande de lin, partant de l'épaule droite, était entrecroisée autour de la tête, que l'on maintenait par un ruban passé sous le menton et noué au sommet du crâne. Au fur et à mesure que l'on ajoutait des bandelettes, on les ajustait plus fortement pour conserver la forme particulière de la momie. On plaçait des amulettes protectrices (pp. 20-21), et parfois les bijoux du défunt, entre les différentes couches de tissu, tandis que le lin était constamment frotté avec de la résine liquide et collante, qui engluait les bandelettes et les raidissait en séchant. Le bandelettage durait environ quinze jours, et l'ensemble de l'opération s'accompagnait de rites et de prières.

LE DERNIER SUAIRE
Le bandelettage était complété par un suaire. Il couvrait entièrement la momie et était maintenu en place par une longue bande allant de la tête aux pieds, doublée par des bandes horizontales.

FRAGMENT DE SUAIRE
Les nombres avaient des significations multiples chez les Egyptiens. Traditionnellement, les momies étaient enveloppées dans sept suaires, un chiffre magique. Le suaire extérieur de la momie était souvent décoré d'inscriptions magiques peintes et de formules protectrices.

C'EST ENVELOPPÉ...
Dans cette illustration fantaisiste d'un bandelettage, un assistant est occupé à verser de la résine, destinée à imbiber les bandelettes. Couchée sur une table d'embaumement, la momie est en cours de bandelettage, sous l'œil du maître-embaumeur. Des prêtres agenouillés aux pieds de la momie récitent des formules sacrées. A l'arrière-plan, d'autres assistants essaient de descendre le sarcophage dans un escalier.

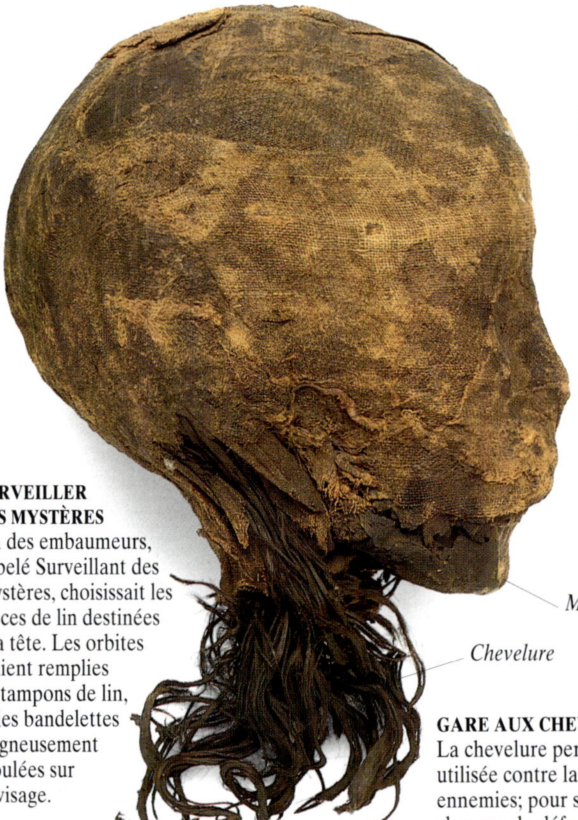

SURVEILLER LES MYSTÈRES
Un des embaumeurs, appelé Surveillant des Mystères, choisissait les pièces de lin destinées à la tête. Les orbites étaient remplies de tampons de lin, et les bandelettes soigneusement moulées sur le visage.

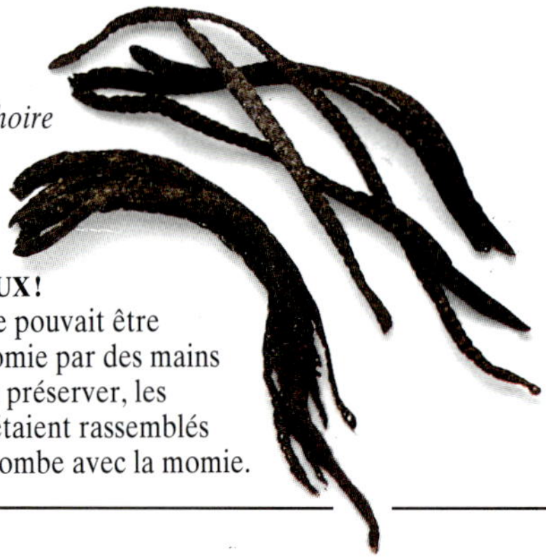

GARE AUX CHEVEUX !
La chevelure perdue pouvait être utilisée contre la momie par des mains ennemies; pour s'en préserver, les cheveux du défunt étaient rassemblés et disposés dans la tombe avec la momie.

Suaire supérieur

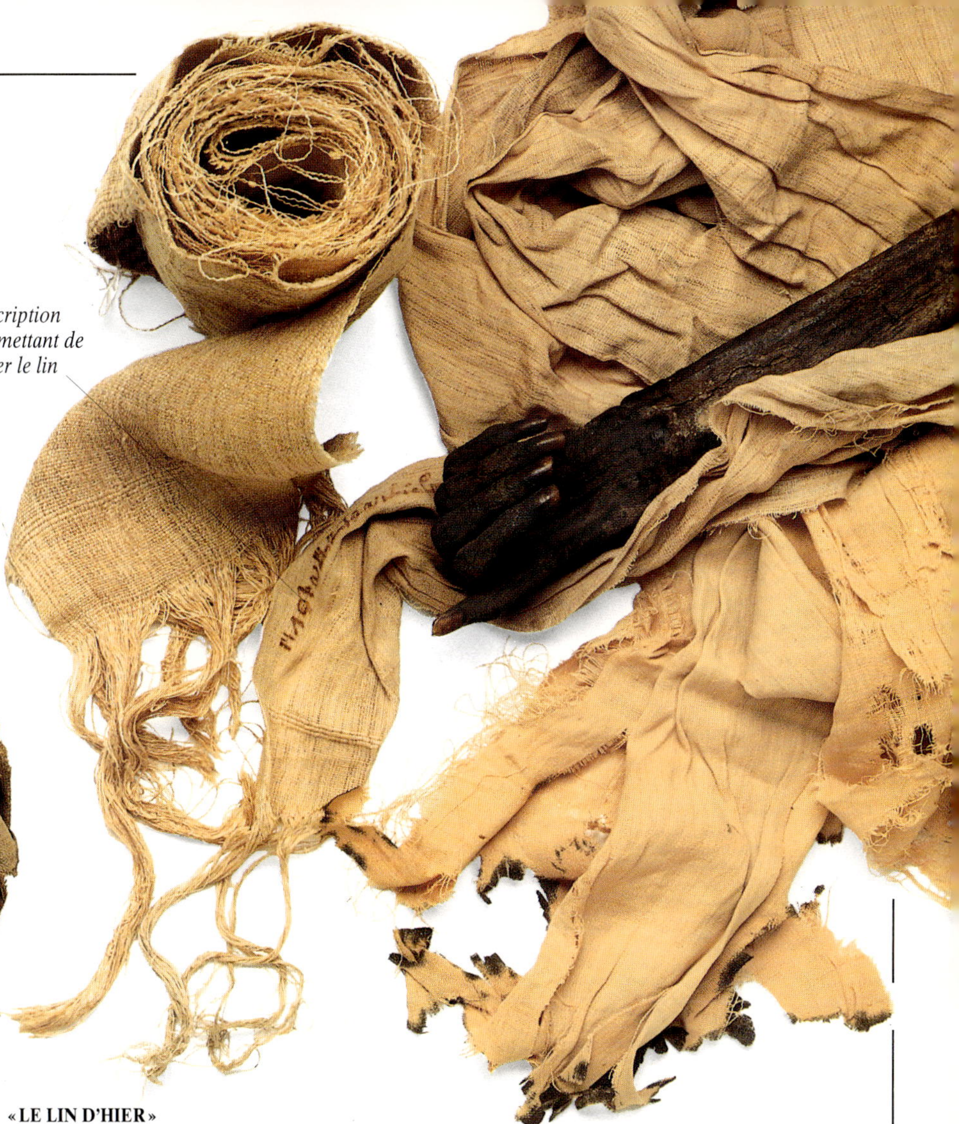

Inscription permettant de dater le lin

« LE LIN D'HIER »
Toutes les bandes présentées ici proviennent de la même momie; la qualité du lin est très variable, la plus économique consistait en récupération de vêtements usagés. D'où la triste complainte funéraire égyptienne dans laquelle il est dit que le mort repose dans le «vieux lin d'hier». La meilleure qualité de lin servait à fabriquer les vêtements des statues divines dans les temples.

GARÇON ROMAIN
A l'intérieur de ces bandelettes se trouve le corps d'un jeune Romain de huit ans. Il est couché, les bras le long du corps, et il porte un bracelet au poignet droit.

PIED DÉLICAT
Dans ce pied joliment bandeletté, les ongles des orteils ont même été enveloppés un par un.

Découverte d'une momie lors de fouilles archéologiques françaises à Antinoé, en 1896

LES DÉFUNTS REPOSAIENT SOUS UN MASQUE

Le masque des momies faisait plus que protéger le visage, il pouvait également faire office de substitut de la tête de la momie, si celle-ci venait à être perdue ou abîmée. Lorsque l'esprit du mort – « Ba » – retournait dans la tombe, il pouvait reconnaître la momie à son masque. Le masque en or de Toutankhamon (pp. 7 et 39) est l'une des œuvres d'art les plus célèbres dans le monde ; tous les masques des pharaons ont dû être d'or massif, le plus souvent sertis de pierres précieuses. L'emploi de l'or était motivé par la croyance que le dieu soleil, avec lequel les momies espéraient être réunies, avait une chair faite d'or pur. Des momies moins prestigieuses que celles des pharaons portaient un masque de cartonnage, une sorte de papier mâché de lin et de papyrus agglomérés avec du plâtre et de la résine, qui, une fois durci, était doré à la feuille ou peint de riches couleurs.

PARÉE POUR UNE DESTINATION INCONNUE
Ce masque de momie date de la période romaine. Maquillée avec soin, parée de ses plus beaux atours, cette femme arbore ses bijoux favoris : elle peut ainsi apparaître à son avantage devant le jury des dieux.

CONÇU POUR UNE PRINCESSE
Ce masque de cartonnage du Moyen Empire (1900 av. J.-C.) appartenait à une femme de haut rang. Elle n'a pu être identifiée mais la coiffe à plumes de vautour qu'elle porte suggère qu'il pouvait s'agir d'une princesse.

OR GREC
Les masques de momies étaient particulièrement populaires durant les périodes grecque et romaine (pp. 42-43). Cet élégant masque doré a reçu une riche décoration, typique de cette époque.

Couronne de fleurs

Coiffure postiche bouclée

Visage peint en ocre rouge

IMAGE DÉDOUBLÉE
Les masques de l'Ancienne Egypte étaient souvent idéalisés, avec des traits parfaits et une expression calme et noble. Les momies grecques portaient des masques plus personnels et décorés de détails réalistes peints, à tel point que ce sont de véritables portraits.

Oreille percée

Collier de pétales de fleurs de lotus

DES TRAITS DANS LE BOIS
Ce masque a été sculpté dans le bois, puis il a été peint. Il date de la XVIIIe dynastie, vers 1350 av. J.-C., sous le règne de Toutankhamon (pp. 38-39).

Bandelettes de lin maintenant le masque

Pectoral, un cartonnage peint ornant la poitrine

IMMOBILISÉ
Après les délicates opérations de l'embaumement et du bandelettage, le masque était appliqué sur la tête de la momie; on le maintenait à l'aide de bandelettes supplémentaires. Fréquemment, un plastron décoré et une «boîte à pieds» étaient également ajoutés de la même manière.

Œil de verre incrusté

Œil d'Horus (Oudjat)

Dieux brandissant la plume de vérité

UNE IMAGE POUR UNE HISTOIRE
Ce cartonnage romain est doré et peint de nombreuses scènes religieuses. Les yeux en pâte de verre étaient ajoutés pour parfaire la ressemblance avec le vivant.

LES AMULETTES PROTÉGEAIENT DES DÉMONS

Comme ils l'avaient fait durant leur vie, les Égyptiens portaient des amulettes après leur mort. Ils croyaient que ces fétiches détenaient des pouvoirs magiques pour protéger le corps des démons, ou pour lui porter chance. Plusieurs sortes d'amulettes étaient placées entre les bandelettes de la momie ; elles figuraient le plus souvent des plantes, des animaux ou des parties du corps. On a fréquemment trouvé jusqu'à plusieurs centaines d'entre elles sur une seule momie. Disposées sur le corps conformément au Livre des Morts (pp. 12-13), beaucoup portaient des extraits des textes sacrés. Lorsque les amulettes étaient placées sur la momie, des prêtres récitaient des formules magiques et des prières.

Poing serré, pour donner la puissance de l'action

Deux doigts, probablement le symbole de l'embaumeur

LES TROIS GRÂCES
Regroupés, la déesse-mère Isis (à gauche), son fils Horus (au centre) et sa sœur Nephtis (à droite) apportaient une protection puissante à la momie.

L'ŒIL D'HORUS
Selon une légende ancienne, le dieu Horus perdit un œil au cours d'un combat avec un démon, mais il le retrouva par miracle. Cet œil symbolique, connu sous le nom de oudjat, fut dès lors associé à l'idée de guérison.

Opet

Bes

COUPLE SINGULIER
Opet, la déesse hippopotame, était la divinité de la maternité; son serviteur Bes, l'homme-lion, était un nain au regard effronté qui protégeait femmes et enfants.

LES QUATRE FILS D'HORUS
Ces amulettes gardaient les organes vitaux : l'estomac, les intestins, le foie et les poumons, qui étaient généralement placés dans des vases canopes. Celles-ci sont en faïence.

Amset, à tête humaine

Douamoutef, à tête de chacal

Qebehsenouf, à tête de faucon

Hapi, à tête de babouin

CHAUFFE-TÊTE
Ce disque de bronze était placé sous la tête d'une momie. La formule qui y est gravée avait pour but de la garder au chaud.

Repose-tête en obsidienne

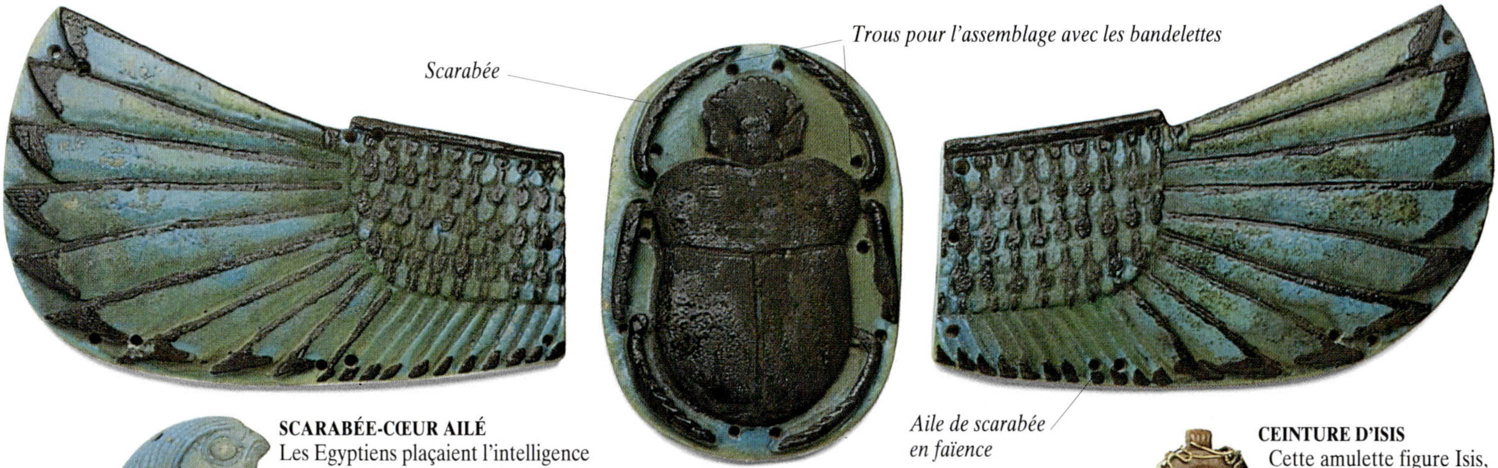

SCARABÉE-CŒUR AILÉ
Les Egyptiens plaçaient l'intelligence dans le cœur, et non dans le cerveau. Cette amulette en forme de cœur assurait la momie de conserver toute sa raison dans l'au-delà.

Tête de faucon

LE CHEMIN DU PARADIS
Cet escalier symbolise les marches du trône d'Osiris que l'esprit de toute momie devait gravir.

Papyrus

Cœur taillé dans une pierre rouge et blanche appelée breccia

PRÈS DU CŒUR
Ce scarabée-cœur n'a pas d'ailes. Cette amulette essentielle était fréquemment montée dans un cadre, cousu à la surface du bandelettage de la momie. Les Egyptiens croyaient que le dieu-scarabée était né par magie d'une boulette d'excréments (p. 44) ; il n'est alors pas surprenant qu'ils l'aient associé à la renaissance après la mort. Une incantation tirée du Livre des Morts, destinée à aider la momie au moment de la pesée du cœur, était gravée sur l'autre face de l'amulette.

CEINTURE D'ISIS
Cette amulette figure Isis, la déesse mère, les bras croisés. Elle est faite de pierre rouge pour rappeler le sang de la déesse. Placée sur la poitrine, elle était un symbole puissant qui protégeait la momie et lui donnait de la force.

Contrepoids, en faïence bleue

Shen, une corde enroulée, symbole d'absolu et d'éternité

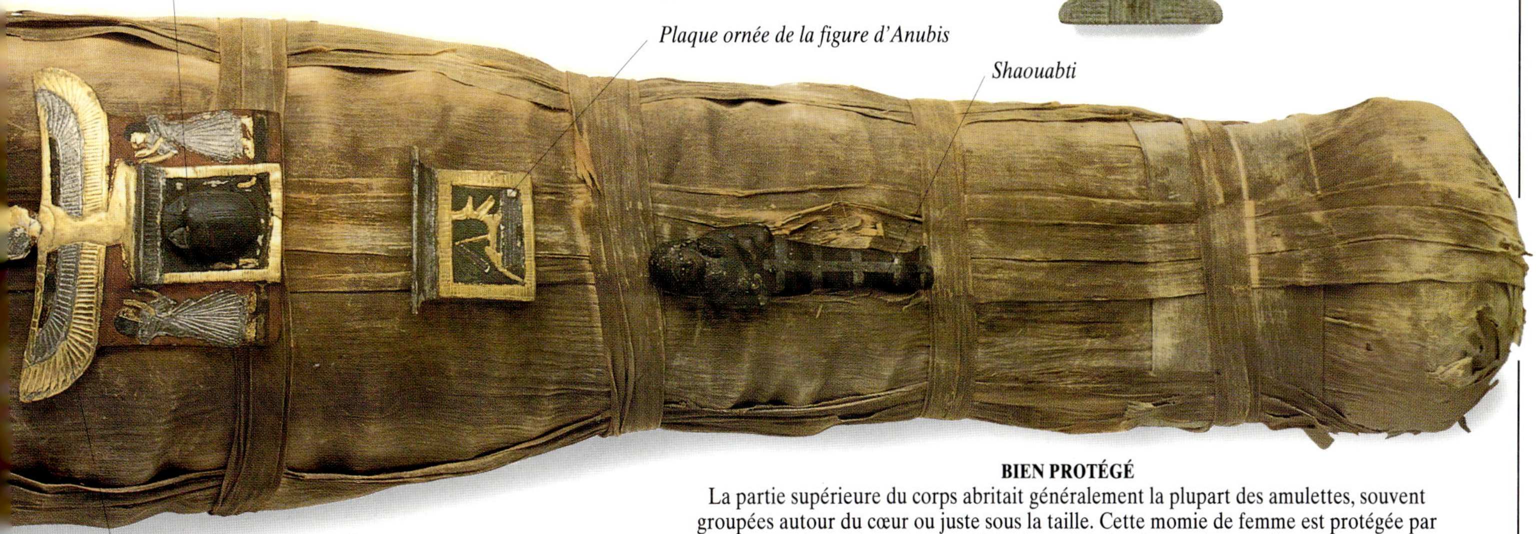

BIEN PROTÉGÉ
La partie supérieure du corps abritait généralement la plupart des amulettes, souvent groupées autour du cœur ou juste sous la taille. Cette momie de femme est protégée par des amulettes de grande qualité. Cependant la plupart d'entre elles sont encore dissimulées sous les bandelettes. Elle porte également quelques-uns de ses bijoux favoris.

EMBOÎTEMENTS
Cette série de sarcophages a été réalisée pour Henoutmehit, une prêtresse de Thèbes, la capitale égyptienne, aux alentours de 1250 av. J.-C. La décoration raffinée à base de feuilles d'or suggère qu'elle était de haute condition. Sa momie n'a pas été retrouvée ; elle devait être protégée à l'origine par un cartonnage constitué de deux parties, inférieure et supérieure. La momie ainsi caparaçonnée était ensuite couchée à l'intérieur de deux sarcophages successifs. Ils ont tous des yeux et des sourcils faits d'une pierre noire : l'obsidienne.

UN SARCOPHAGE PEUT EN CACHER UN AUTRE

Après avoir été embaumé et bandeletté, le corps de l'Égyptien était placé dans un cercueil, ou sarcophage, qui protégeait la momie des animaux sauvages et des pilleurs de tombes. Plus important encore, on le considérait comme un corps de substitution, demeure de l'esprit du défunt. Les plus anciens sarcophages n'étaient que de simples caisses de bois rectangulaires. Au Moyen Empire, vers 2000 av. J.-C., on plaçait les momies des gens de condition dans deux sarcophages, pour leur assurer une meilleure protection. C'est à la même époque qu'apparurent les premiers sarcophages reprenant la forme des momies. Durant le Nouvel Empire, de 1567 à 1085 av. J.-C., les sarcophages intérieurs et extérieurs devinrent courants.

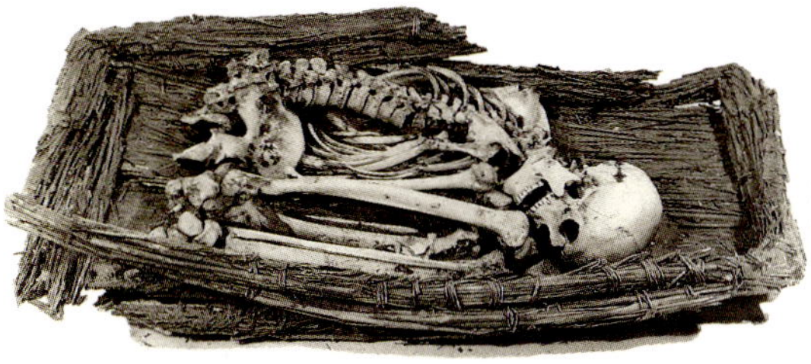

SARCOPHAGE PRIMITIF
Il y a cinq mille ans, un Egyptien fut placé dans ce panier de roseau, puis enterré dans le sable brûlant du désert. Tout comme les «momies des sables», il est couché en position fœtale, les genoux relevés sur le visage. Mais le panier empêchant le sable de conserver le corps, il n'en subsiste qu'un squelette.

TOUCHES FINALES
Cette fresque ornait les murs de la tombe d'Ipuy, un sculpteur du règne de Ramsès II le Grand (pp. 36 et 50). Elle illustre le travail des artistes peintres mettant la touche finale de peinture sur les sarcophages d'Ipuy.

HABILLÉ DE PLUMES
Le plumage de vautour protège le «propriétaire» de ce sarcophage. Ce type de cercueil est connu sous l'appellation de *rishi*, du mot arabe qui signifie emplumé.

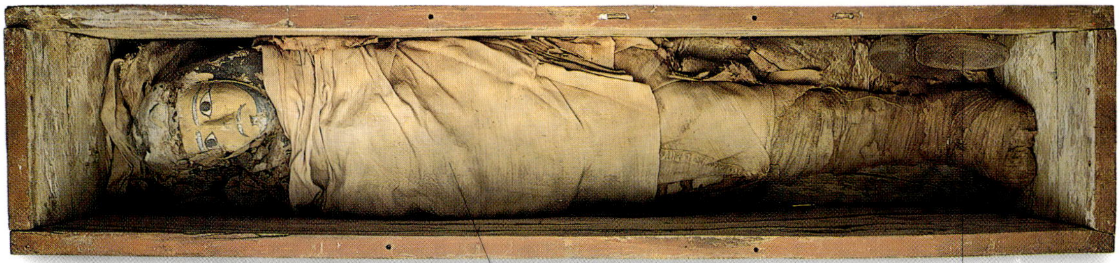

FACE AU SOLEIL LEVANT
Un homme masqué du nom d'Ankhef repose dans son cercueil rectangulaire depuis 2020 av. J.-C. Il a dû être retourné, car il devrait être couché sur le côté gauche, et son appuie-tête se trouve à ses pieds. Les momies faisaient toujours face à l'est afin de voir, chaque matin, le soleil – symbole de renaissance – se lever sur le désert.

YEUX PEINTS
On peignait des yeux factices sur le côté du sarcophage qui était orienté vers l'est. En reposant de ce côté, la momie pouvait «voir à travers» le bois. Juste en dessous est représentée une porte pour que l'esprit de la momie puisse sortir.

Couvercle du sarcophage extérieur

Sarcophage extérieur

Momie masquée

Momie débandelettée

POUPÉES RUSSES
Un des plus minuscules «sarcophages gigognes» a été retrouvé parmi les trésors de la tombe de Toutankhamon (pp. 38-39). Il contenait le corps momifié d'un enfant mort-né, probablement la fille du roi. La momie bandelettée portait un masque et était couchée dans un premier sarcophage doré, lui-même disposé dans un second sarcophage.

TRANSPORT DE MOMIES
Ce modèle d'embarcation, retrouvé dans une tombe, évoque le voyage symbolique de la momie à Abydos, la cité d'Osiris (pp. 34-35).

Pied portant des sandales

Sarcophage en bois de la prêtresse Katebet, vers 1300 av. J.-C.

LES «BRETELLES» ROUGES
Celles de ce sarcophage interne sont une caractéristique fréquente autour de 800 av. J.-C. : elles indiquent que le défunt était un prêtre, ou, comme dans ce cas, une prêtresse. Sa chevelure est décorée de fleurs de lotus.

«Bretelles» rouges

CHANGEMENT DE SEXE
La teinte rose du visage de ce sarcophage indique qu'il a été construit pour une femme, mais l'inscription qu'il porte mentionne un homme : un officier du nom de Nesperrenoub, qui vécut vers 800 av. J.-C. Les Egyptiens récupéraient fréquemment de cette manière des sarcophages destinés à d'autres.

POURQUOI UN CARTONNAGE ?

Le bois était le matériau idéal pour les sarcophages. Extrêmement rare en Égypte, il devait être importé. Le cartonnage, économique, léger et facile à façonner était une bonne alternative.

RAPPORTÉS EN FRANCE
Les armées de Bonaparte (pp. 10-11) ont exhumé de nombreux sarcophages des tombes, et les ont rapportés en France. La plupart se trouvent actuellement au musée du Louvre.

Détail d'une peinture de Léon Cogniet sur le plafond de la salle Campana, au Louvre, représentant des soldats de Bonaparte exhumant un sarcophage

SYMBOLES MAGIQUES
Les symboles peints sur les sarcophages avaient pour but de protéger et d'aider la momie dans son difficile voyage vers l'au-delà. Indépendamment des dieux et des symboles magiques, la décoration comportait des guirlandes florales, des perruques et des colliers sophistiqués, des bijoux. Voici une sélection des symboles les plus courants.

LA DÉCORATION DU SARCOPHAGE

Rien de triste ou de déprimant au sujet des sarcophages égyptiens, qui sont recouverts de couleurs riches et joyeuses ; les Égyptiens savaient que le mort avait gagné un monde meilleur. Des artistes habiles peignaient sur leur surface de magnifiques hiéroglyphes et des représentations religieuses, des scènes du Livre des Morts en particulier (pp. 12-13). D'autres scènes montrent le dieu-soleil Râ, que le défunt était censé rejoindre au Paradis, ou le scarabée, symbole de renaissance (p. 44). On trouve également, sur de nombreux sarcophages, les dieux associés à Osiris, et en particulier les quatre fils d'Horus (p. 20). Nout, une autre figure populaire, déesse du ciel, était représentée sur le couvercle ou le fond du sarcophage ; ses ailes entouraient la momie en signe de protection.

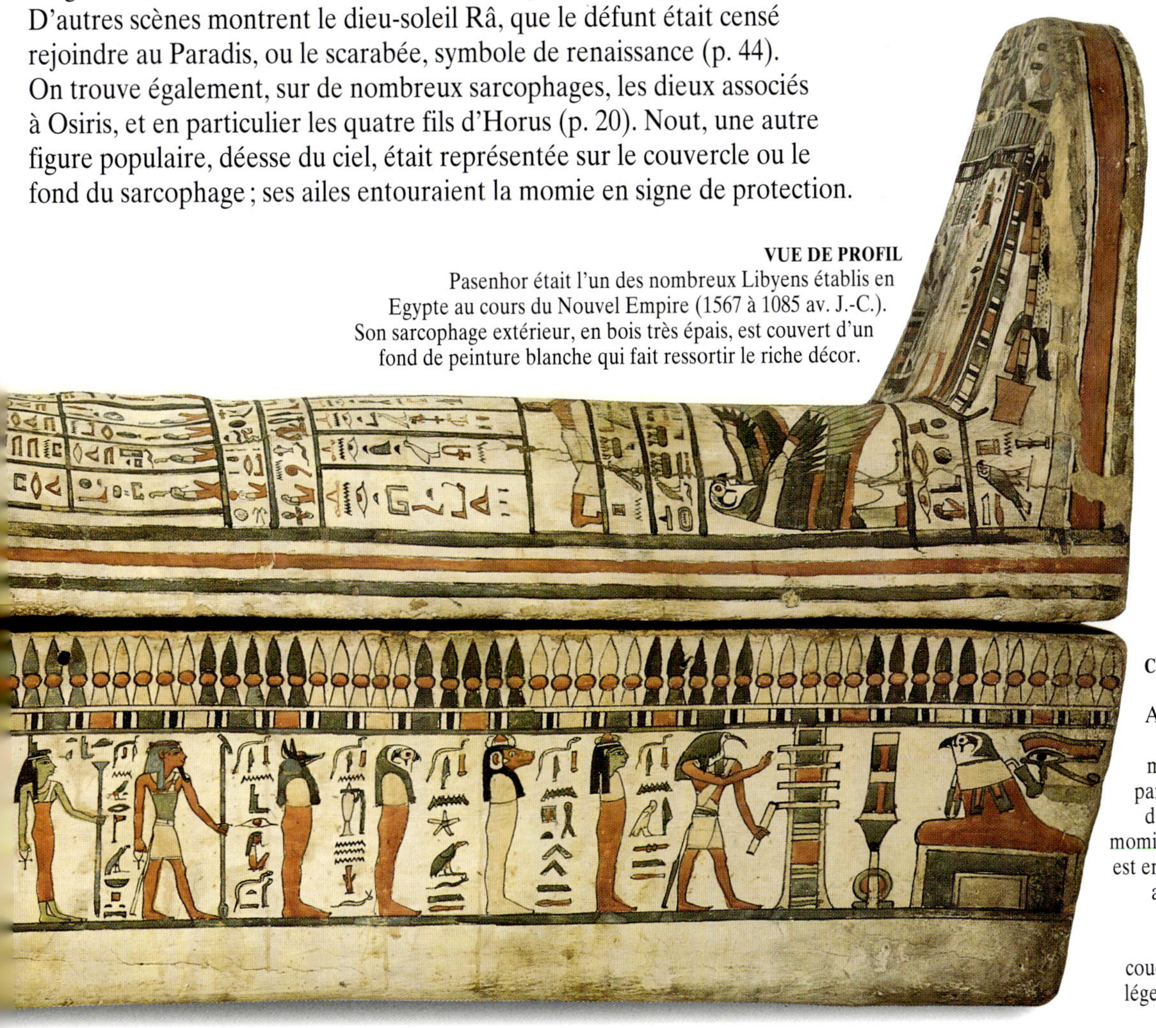

VUE DE PROFIL
Pasenhor était l'un des nombreux Libyens établis en Egypte au cours du Nouvel Empire (1567 à 1085 av. J.-C.). Son sarcophage extérieur, en bois très épais, est couvert d'un fond de peinture blanche qui fait ressortir le riche décor.

CARTONNAGE DE MOMIE
A partir de 800 av. J.-C., les momies étaient parfois couvertes d'un cartonnage momiforme. Celui-ci est en bois sculpté et appartient à une prêtresse. Il est recouvert d'une couche de plâtre en léger relief et peint.

SARCOPHAGES TARDIFS

Durant les périodes tardives de l'Égypte ancienne, la production de sarcophages était une industrie florissante. On pouvait choisir des sarcophages « de confection » en fonction du style et de la taille. En général, l'ensemble était constitué d'un cartonnage appliqué sur la momie, et d'un ou deux sarcophages de bois. Le décor extérieur devint de plus en plus complexe, et l'on peignit de grandes figures de dieux et de déesses à l'intérieur. Dessins et hiéroglyphes évoquaient et célébraient les louanges du défunt.

QUELLE TAILLE ?
Comparée au volume de ses trois «boîtes» et du bandelettage, la momie est minuscule.

TOUT EST GRAND
Le couvercle du sarcophage extérieur de Nesmin, qui date d'environ 350 av. J.-C., a une grosse tête portée par des épaules arrondies.

Momie survolée par Ba

ENTOURÉE DE DIEUX
La dame Seshepenmehit fut enterrée dans ses deux sarcophages de bois vers 500 av. J.-C. Le fond du sarcophage extérieur est décoré d'une figure du dieu Ptah-Sokar-Osiris, symbole de naissance, de mort et de renaissance. La plupart des couvercles sont comme ici couverts de colonnes de hiéroglyphes et de scènes du Livre des Morts.

Hiéroglyphes «pour donner la vie et la prospérité»

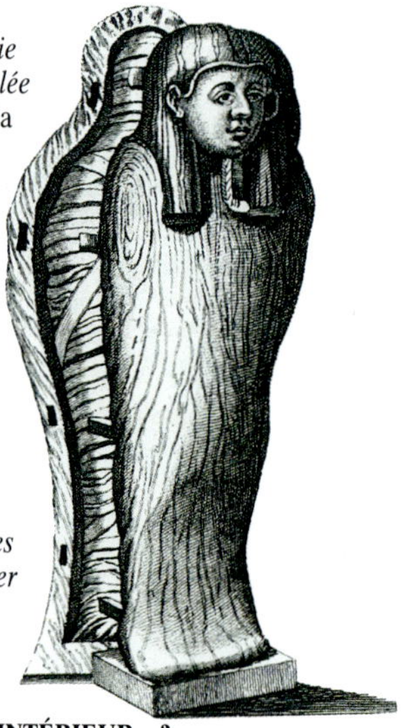

ET À L'INTÉRIEUR... ?
C'est une des premières représentations d'une momie, tirée de la *Description de l'Egypte*, du consul général de France Maillet, parue en 1735. La gravure indique le système de chevilles permettant de fixer le couvercle.

ATTACHÉE DANS LE DOS
Les sarcophages de bois se composaient de deux parties : une base et un couvercle; cependant, les sarcophages intérieurs en cartonnage étaient faits d'une seule pièce. Ce cartonnage, datant d'environ 850 av. J.-C., aurait contenu la momie bandelettée d'une jeune fille. La momie avait dû être placée à l'intérieur alors que le lin était encore humide et flexible; une fois que l'ensemble avait séché, le dos était lacé comme dans un corset avec des lanières qui «scellaient» le cartonnage. C'est seulement après que l'on peignait la surface extérieure.

QUATRIÈME ENVELOPPE
Les hauts dignitaires qui n'avaient pas les moyens de payer un sarcophage de pierre s'offraient un cercueil extérieur en bois supplémentaire. Le prêtre Hor (vers 650 av. J.-C.) avait deux sarcophages momiformes, qui reposaient dans une vaste structure rectangulaire. Fabriqué également en bois, ce troisième cercueil est dominé par un dais sculpté soutenu par quatre piliers.

CE NE SONT PAS DES MASQUES
Ces visages sculptés dans du bois étaient fixés sur les sarcophages.

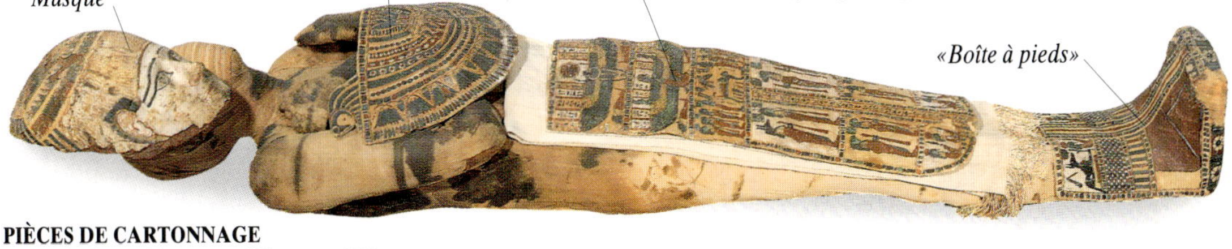

PIÈCES DE CARTONNAGE
La période ptolémaïque débuta en 305 av. J.-C., lorsque l'Egypte fut conquise par Alexandre le Grand (p. 29). Les cartonnages des momies de cette époque étaient faits de plusieurs pièces : le masque, le collier, le tablier et la «boîte à pieds». Les momies étaient cousues directement sur le dernier suaire, puis maintenues par une ultime série de bandelettes.

TAUREAU SACRÉ
Les Egyptiens adoraient de nombreux animaux. Apis, le taureau sacré, était l'un des plus importants. Il n'y avait qu'un seul Apis vivant, qui était gardé près du temple où il disposait de serviteurs et d'un harem de vaches. Cette peinture de la «boîte à pieds» d'un sarcophage figure le taureau sacré transportant la momie vers sa tombe.

SOUS MES ORTEILS
Des sandales dorées étaient parfois peintes sous les pieds de la momie. Les figures illustrées sous chaque sandale représentent celles des ennemis piétinés par un guerrier intrépide.

LA DERNIÈRE MODE... EN 200 APR. J.-C.
Durant la période romaine, les sarcophages figuraient les vêtements de tous les jours. Cette Romaine d'Egypte partit pour l'au-delà dans une toge aux couleurs vives, portée avec une perruque à étages.

POIDS LOURD
Ce sarcophage de basalte gris mesure près de trois mètres de haut et pèse plus de quatre tonnes et demie.

LE SARCOPHAGE ÉPOUSE LES FORMES

Les sarcophages de pierre étaient extrêmement coûteux, et seuls les pharaons, les nobles et les hauts fonctionnaires pouvaient y prétendre. Sarcophage signifie « mangeur de chair » en grec, car les Grecs pensaient que le corps était dissous par la pierre. Très lourds, ces sarcophages devaient être mis en place dans la tombe par un grand nombre d'ouvriers. On les scellait à la fin des cérémonies funéraires. À l'origine, ces cuves de pierre avaient une forme rectangulaire, mais, par la suite, elles furent arrondies jusqu'à prendre un contour anthropomorphique.

LA DIGNITÉ DANS LA MORT
Le sarcophage royal le mieux conservé est celui de Séthi Ier, le père de Ramsès II le Grand. Fouillée pour la première fois en 1817, la tombe de ce pharaon guerrier est l'une des plus belles d'Egypte. Le sarcophage a été retrouvé dans la chambre mortuaire, à plus de cent mètres sous terre; il est en calcite, une pierre semi-transparente, et gravé de hiéroglyphes et d'effigies de dieux. La momie de Séthi Ier a été découverte dans la cachette royale en 1881 (pp. 36-37), dans un état de conservation remarquable.

LE CERCUEIL DU VICE-ROI
Le sarcophage de Merimose, vice-roi de Nubie (vers 1380 av. J.-C.), est l'un des premiers cercueils de pierre réalisé pour un haut dignitaire qui n'était pas pharaon lui-même.

Hiéroglyphes, à l'origine soulignés avec un pigment bleu-vert

Fragment provenant du couvercle du sarcophage de Séthi Ier, qui se brisa lorsqu'on le sortit de la tombe.

Alexandre le Grand

«BAIGNOIRE» PHARAONIQUE
Nectanébo II, le dernier pharaon véritablement égyptien, fut enterré dans ce sarcophage qui échoua à Alexandrie où les Grecs l'utilisèrent comme bain public. Avant que ses hiéroglyphes ne soient traduits, on pensait qu'il s'agissait du sarcophage d'Alexandre le Grand. Le corps de ce dernier n'a jamais été retrouvé, mais des textes anciens prétendent qu'il fut conservé dans un sarcophage de verre rempli de miel.

Canaux d'écoulement percés lors de la transformation en «baignoire»

RETOUR AU REPOS
Toutankhamon est le seul pharaon qui repose encore dans sa tombe de la Vallée des Rois. Sa momie a été replacée dans son sarcophage d'or, et ce dernier est maintenant dans son sarcophage de pierre. Cette cuve de pierre était à l'origine abritée par quatre chapelles dorées, assez larges pour contenir une automobile.

PROFESSION : PLEUREUSE
Les Egyptiens fortunés s'assuraient les services de pleureuses de métier pour leurs funérailles. Elles pleuraient, gémissaient, agitaient les bras, jetaient de la poussière pendant le déroulement de la cérémonie.

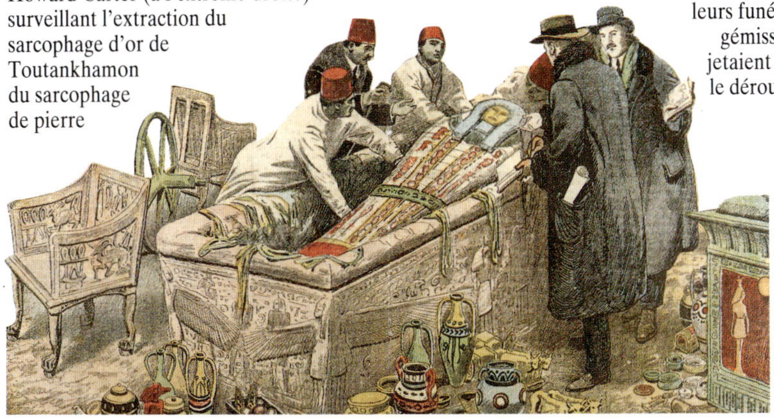

Howard Carter (à l'extrême droite) surveillant l'extraction du sarcophage d'or de Toutankhamon du sarcophage de pierre

BIEN PROTÉGÉ
Ce couvercle de granite rouge protégeait la momie de Setau, un vice-roi de Nubie, enterré à Thèbes vers 1230 av. J.-C. Il tient deux symboles magiques dans les mains : la ceinture d'Isis et le pilier Djed.

LA MAISON DES ESPRITS
Tout comme les premiers sarcophages momiformes, les sarcophages de pierre étaient considérés comme la demeure du défunt. Cette cuve rectangulaire de granite rouge date de l'Ancien Empire, vers 2500 av. J.-C. A chaque extrémité est figurée une fausse porte afin de permettre à l'esprit de la momie d'entrer et de sortir librement.

Fausse porte

DES OBJETS À EMPORTER POUR L'ÉTERNITÉ

Des chaussons, des fards, une miche de pain, une belle chaise, des boucles d'oreilles fétiches… la momie se devait d'être bien équipée pour apprécier la vie dans l'au-delà. La plupart des objets que nous connaissons de l'Ancienne Égypte ont été retrouvés dans les tombes où ils avaient été ensevelis avec les morts. Le climat égyptien, chaud et sec, a préservé parfaitement de nombreux spécimens. Certaines momies étaient accompagnées dans la tombe par les signes distinctifs de leur profession antérieure et de leur rang dans la société. Toutankhamon (pp. 38-39) a même été retrouvé avec ses jouets d'enfant ! Les musiciens emportaient leurs instruments, et d'autres partaient avec leurs jeux de société pour occuper leurs loisirs dans l'éternité.

UN CONFORT « TERRESTRE »
Les sandales étaient un luxe, la plupart des Egyptiens marchaient pieds nus. Cette paire en cuir rembourré est exceptionnelle; les sandales étaient le plus souvent fabriquées avec des roseaux cueillis sur les berges du Nil.

Miroir à manche en forme de papyrus

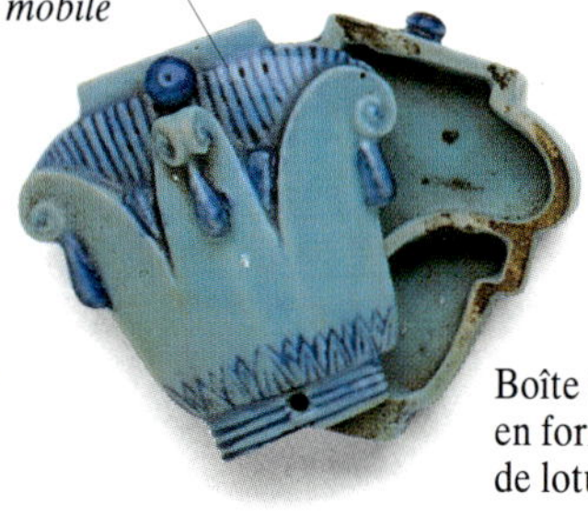

Boîte à fards, en forme de fleur de lotus stylisée

Cuiller à fard en forme de fleur de lotus (lotiforme)

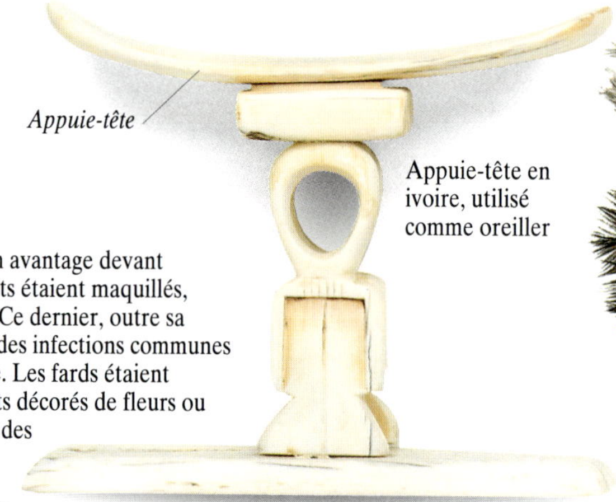

Appuie-tête en ivoire, utilisé comme oreiller

BEAUTÉ ÉTERNELLE
Chaque momie voulait paraître à son avantage devant les dieux : hommes, femmes et enfants étaient maquillés, en particulier les yeux avec du khôl. Ce dernier, outre sa fonction esthétique, protégeait l'œil des infections communes dans le climat désertique de l'Egypte. Les fards étaient généralement conservés dans des pots décorés de fleurs ou de bourgeons de lotus, plante sacrée des marais. La fleur de lotus se ferme chaque soir et s'épanouit à nouveau le matin; les Egyptiens voyaient en elle un symbole de mort et de renaissance.

RESTER AU FRAIS
Les éventails étaient considérés, du fait du climat torride, comme un signe d'aisance et de raffinement.

À VOTRE SERVICE
Des statuettes de serviteurs étaient placées dans la tombe pour subvenir aux besoins de la momie. Cette servante de bois porte un plateau de pain frais. Les murs de la tombe étaient également décorés de nourriture, d'esclaves et d'objets familiers. Ces serviteurs étaient supposés être animés de vie à l'intérieur de la tombe scellée.

Peinture d'un sarcophage : le défunt offre de la nourriture aux dieux Râ et Hapi (à gauche).

PAIN QUOTIDIEN
Ce pain grossier d'orge était à la base de l'alimentation des Egyptiens, mais gâtait les dents ainsi que le révèle la dentition de nombreuses momies.

Jarres à bière

BIÈRE BRASSÉE
Les Egyptiens étaient très amateurs de bière; en plaçant un modèle de brasseur dans leurs tombes, ils espéraient en avoir une réserve suffisante dans l'au-delà.

Figues déposées dans une tombe il y a 3 500 ans

Harpe utilisée pour jouer des hymnes aux dieux dans leurs temples

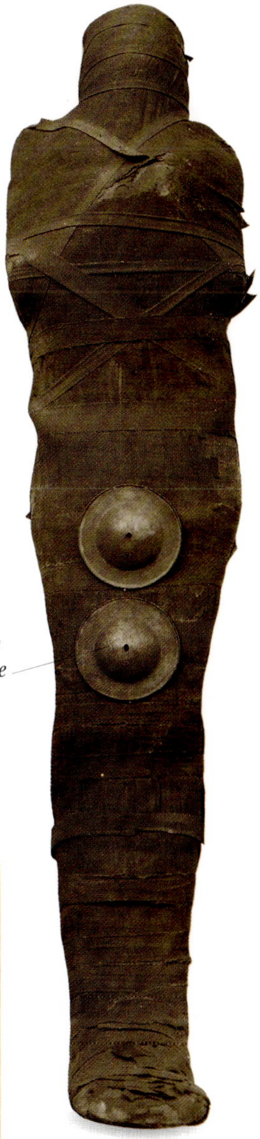

Paire de cymbales en bronze

CONCERT ÉTERNEL
Cette momie a dû être celle d'un musicien professionnel qui a emporté ses cymbales dans l'au-delà.

Fixe-plumes en ivoire

Manche en bois

Eventail reconstitué, avec des plumes d'autruche, comme le montrent des exemples figurés sur les parois des tombes.

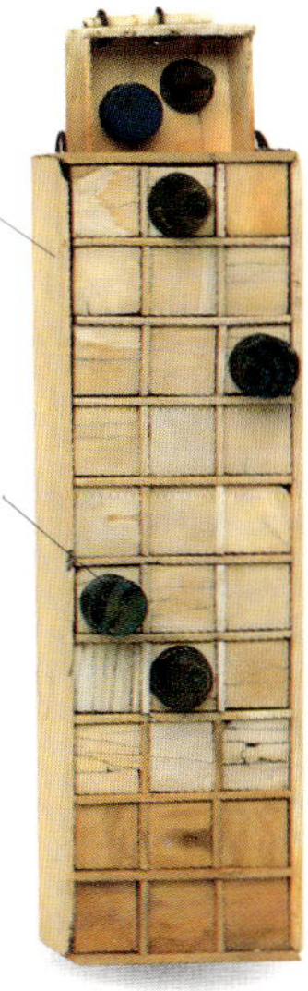

Damier en ivoire à 30 cases

Jeton en faïence bleue

LE JEU DE LA VIE
Le « senet » était le jeu de damier le plus répandu en Egypte ; placé dans la tombe avec le défunt, il symbolisait également la lutte contre les démons pour accéder à la vie éternelle.

LES SHAOUABTIS TRAVAILLAIENT MÊME DANS L'AU-DELÀ

Les Égyptiens étaient un peuple d'agriculteurs ; chaque année, ils étaient réquisitionnés par le gouvernement pour des travaux agricoles et d'irrigation. Les plus aisés pouvaient échapper à ces corvées en payant des suppléants qui travaillaient à leur place. Quand la momie rejoignait les Champs de Roseaux, nom que les Égyptiens donnaient au paradis, elle devait s'acquitter du même service en moissonnant les champs du dieu Osiris (pp. 34-35). De tout temps, les Égyptiens les plus fortunés se sont fait enterrer avec des statuettes de travailleurs, les shaouabtis – vers 1100 av. J.-C., un pour chaque jour de l'année –, qui tenaient ce rôle de suppléants après leur mort. Au début du Nouvel Empire, vers 1500 av. J.-C., un seul shaouabti semblait suffisant pour assurer une vie agréable dans l'au-delà. C'était inscrit dans le chapitre VI du Livre des Morts qui promettait : « O shaouabti, si le mort est appelé à effectuer n'importe quel travail exigé en ce monde… tu devras dire "je suis là, je le ferai". »

Contremaître ou chef-shaouabti, portant un vêtement et tenant un fouet

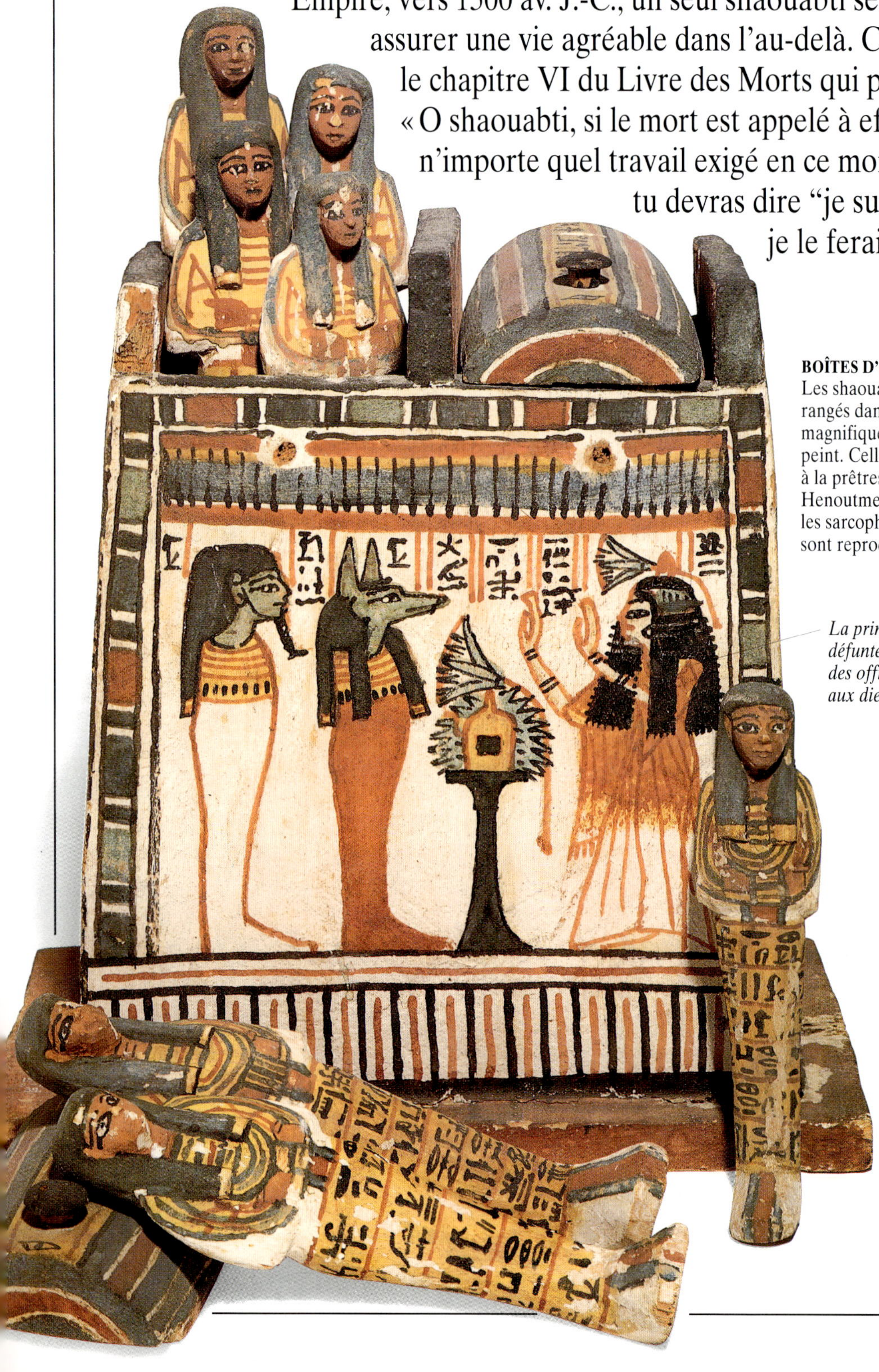

BOÎTES D'OUVRIERS
Les shaouabtis étaient rangés dans de magnifiques boîtes de bois peint. Celle-ci appartenait à la prêtresse Henoutmehit, dont les sarcophages dorés sont reproduits p. 22.

La princesse défunte présente des offrandes aux dieux.

BÊCHEUR ANTIQUE
Avant l'apparition des shaouabtis, des servants et des ouvriers de bois peint étaient placés dans les tombes. A l'opposé des shaouabtis, ces serviteurs n'étaient pas figurés comme des momies.

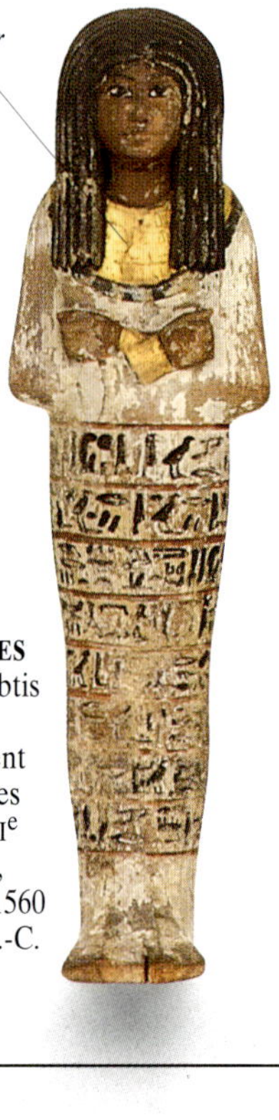

Collier doré

OUVRIÈRES
Ces shaouabtis en bois représentent des femmes de la XVIIIe dynastie, environ de 1560 à 1320 av. J.-C.

Nemes

Cartouche royal

Shaouabti du pharaon Séthi Ier

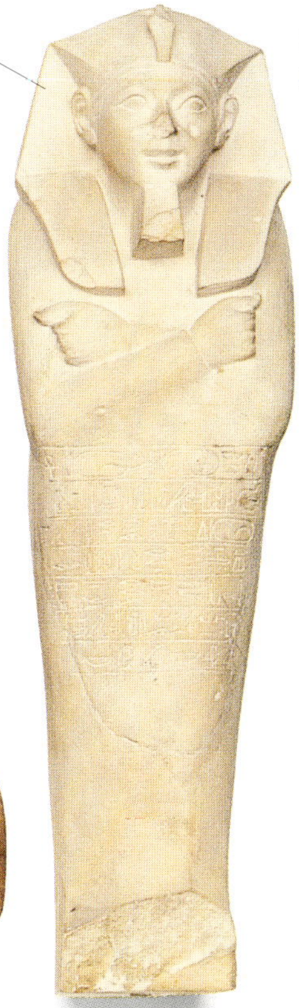

Shaouabti du pharaon Amosis

Cartouche, inscription de forme ovale donnant le nom du roi en écriture hiéroglyphique

Shaouabti du pharaon Amenhotep III

SHAOUABTIS ROYAUX
Le plus ancien shaouabti royal connu (ci-dessus) appartenait au pharaon Amosis qui mourut en 1560 av. J.-C. Il porte le nemes, coiffure royale faite de tissu et repliée sur les cheveux. D'autres shaouabtis royaux, comme celui d'Amenhotep III (à gauche), portent la tiare de Haute-Egypte.

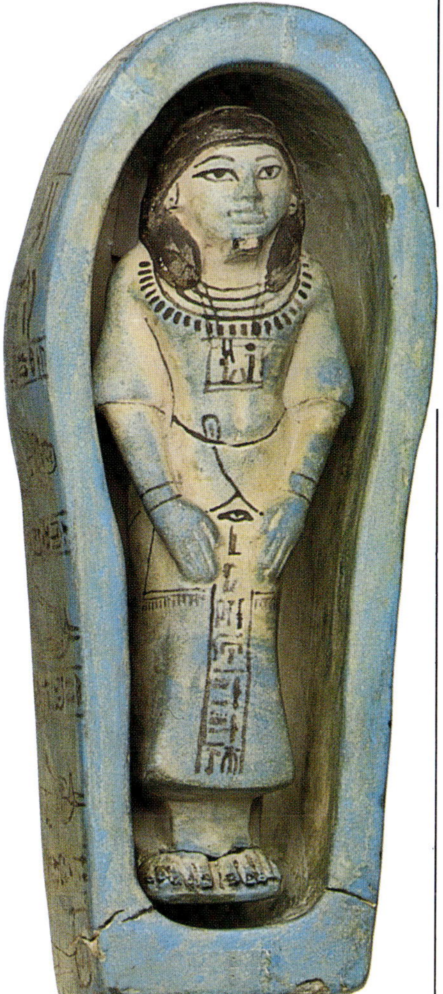

SARCOPHAGE POUR SHAOUABTI
Les shaouabtis étaient parfois placés dans de véritables sarcophages miniatures, à l'imitation de celui de la momie. Celui-ci est en faïence bleue.

BIEN ÉQUIPÉS
De nombreux shaouabtis tiennent des houes, des pioches, des paniers à grains ou d'autres instruments de travail. Ils nous apprennent beaucoup sur l'agriculture dans l'Egypte ancienne.

TOUS LES MATÉRIAUX
Pierre, bois, argile, cire, bronze… : les shaouabtis étaient fabriqués dans toutes sortes de matériaux. Le plus commun était la faïence, une sorte de poterie glaçurée.

Houe

Pioche

Couvercle de sarcophage en bois

Shaouabti en pierre, dans son double sarcophage de bois

ET LA MOMIE DEVINT UN DIEU

La religion égyptienne veut que le dieu Osiris ait triomphé de la mort ; tout Égyptien désirait suivre son exemple. La légende relate que, en des temps reculés, Osiris était un bon pharaon, qui fut assassiné par son frère Seth ; mais sa femme et son fils, Isis et Horus, le ramenèrent à la vie. L'histoire de la résurrection miraculeuse du roi défunt fournissait aux Égyptiens l'espoir d'une vie éternelle. Aussi, pour ressusciter, le mort devait s'identifier à Osiris de toutes les manières possibles : les momies étaient préparées de la même façon que le corps du dieu l'avait été. Si tout se passait bien, la momie « devenait un Osiris » et vivait pour l'éternité.

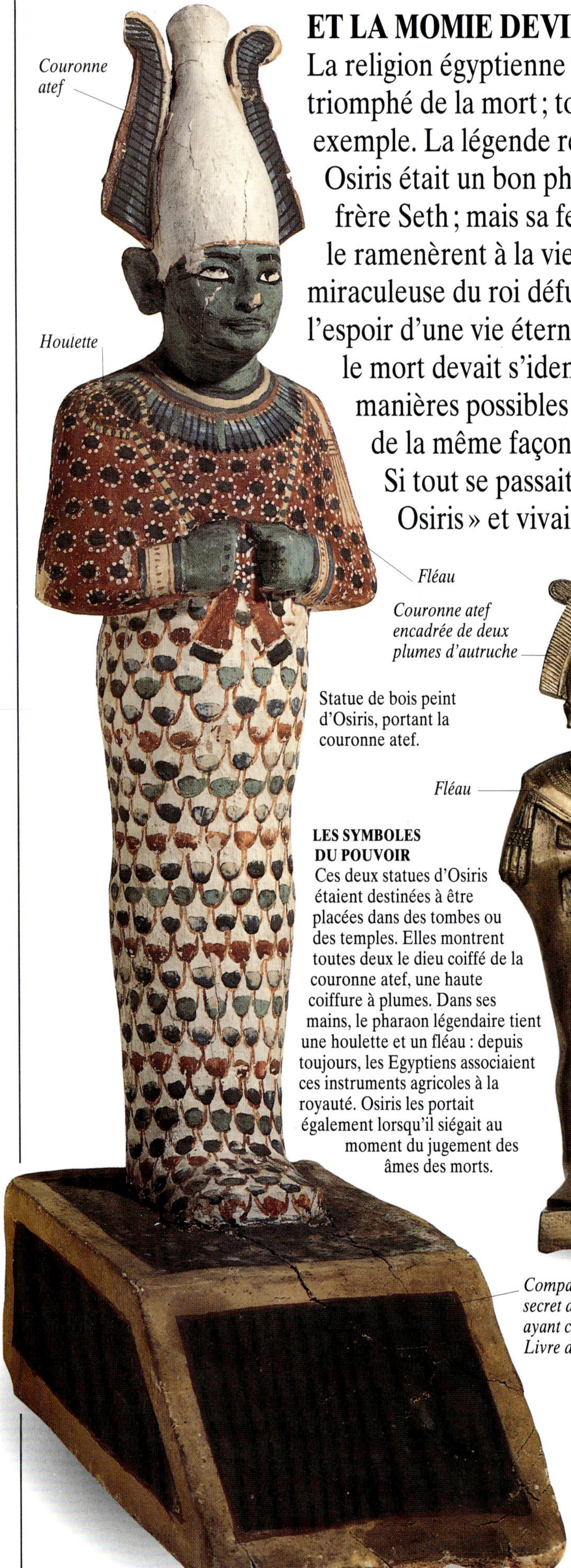

Couronne atef

Houlette

Fléau

Statue de bois peint d'Osiris, portant la couronne atef.

Compartiment secret dans le socle, ayant contenu le Livre des Morts

Peinture d'une tombe représentant Osiris coiffé de la couronne au cobra, et protégé par le faucon

Couronne atef encadrée de deux plumes d'autruche

Fléau

Houlette

Statuette de bronze d'Osiris portant la couronne atef

LES SYMBOLES DU POUVOIR
Ces deux statues d'Osiris étaient destinées à être placées dans des tombes ou des temples. Elles montrent toutes deux le dieu coiffé de la couronne atef, une haute coiffure à plumes. Dans ses mains, le pharaon légendaire tient une houlette et un fléau : depuis toujours, les Egyptiens associaient ces instruments agricoles à la royauté. Osiris les portait également lorsqu'il siégait au moment du jugement des âmes des morts.

GARDER SON MAINTIEN
Le pilier Djed est l'une des amulettes que l'on plaçait dans les bandelettes de la momie (pp. 20-21). Elle représente la colonne vertébrale d'Osiris, et était destinée à donner de la force à la momie dans sa vie éternelle.

MOMIE À L'ENFANT
La déesse Isis, femme d'Osiris, tient ici dans ses bras son fils Horus. Les Egyptiens la vénéraient comme épouse dévouée et mère aimante.

LE FLÉAU
Ce fléau de bois provient d'une statue d'Osiris. Tout comme les sceptres portés par les rois et reines en Europe, le fléau était symbole de pouvoir et d'autorité.

VISAGE VERT
Parmi d'autres attributions, Osiris était le dieu de la végétation et de la germination, directement associé à la crue annuelle du Nil qui assurait la fertilité des terres de l'Egypte. Certains sarcophages arboraient un visage peint en vert pour se rapprocher de cette caractéristique du dieu.

MOMIE DE BLÉ
Elle ressemble à une vraie momie, toutefois les bandelettes de lin de cette fausse momie ne contiennent pas de corps embaumé mais des grains de blé. La «momie de grain» porte un masque de cire à l'image d'Osiris car les Egyptiens associaient le dieu au succès de leur récolte de blé. Placée dans une tombe, cette momie de blé devait aider la momie du défunt à rejoindre Osiris dans l'autre monde.

POUVOIR GRANDISSANT
On pensait que le pouvoir d'Osiris se matérialisait dans la germination du blé. Des figures du dieu étaient même parfois modelées dans la boue du Nil, puis ensemencées. Celle-ci a été retrouvée dans la tombe de Toutankhamon (pp. 38-39).

QUI OSE TROUBLER LE REPOS ÉTERNEL DES ROIS ?

Les grands pharaons du Nouvel Empire étaient enterrés près de Thèbes, dans la Vallée des Rois (p. 10). Les tombes étaient creusées profondément dans la roche, mais, en dépit de toutes les précautions prises, elles furent régulièrement pillées dès l'Antiquité. À chaque fois, les prêtres devaient remettre les bandelettes aux momies et les réinhumer avec de nouveaux trésors. Vers 1000 av. J.-C., ils décidèrent de regrouper les momies royales dans deux caches secrètes. Là, les dépouilles des pharaons ont reposé pendant près de trois mille ans : la première cache a été découverte au début des années 1870 et, en 1881, les archéologues trouvèrent dans une tombe profonde, près de Deir el-Bahari, les momies de trente-deux pharaons, dont les légendaires Séthi Ier et Ramsès II le Grand, ainsi que huit autres corps non identifiables. La seconde cache, découverte en 1898, contenait seize momies, dont dix royales. Quand on transféra le contenu de la cache au Caire, les douaniers de l'octroi de la ville ne savaient dans quelle catégorie les classer : ils se résolurent à taxer les pharaons morts au même tarif que le poisson séché !

DANS LES PYRAMIDES
Les momies des rois qui ont élevé les pyramides de Gizeh n'ont pas survécu. En dépit de leurs entrées secrètes, scellées par d'énormes blocs de pierre, ces tombes ont été mises à sac dès l'Antiquité.

NOMMER LE ROI
Pour éviter toute confusion, les prêtres notèrent les noms des pharaons sur leurs linceuls. Cette momie porte le nom de Ramsès III

La momie du roi Siptah, telle qu'elle fut découverte en 1881

Momie sans ses bandelettes du roi Siptah

TRAVAIL DE RÉPARATION
La momie du roi Siptah, mort en 1188 av. J.-C, avait été gravement endommagée par des pilleurs de tombes. Les prêtres ont ajusté une atelle à son bras cassé avant de la bandeletter à nouveau.

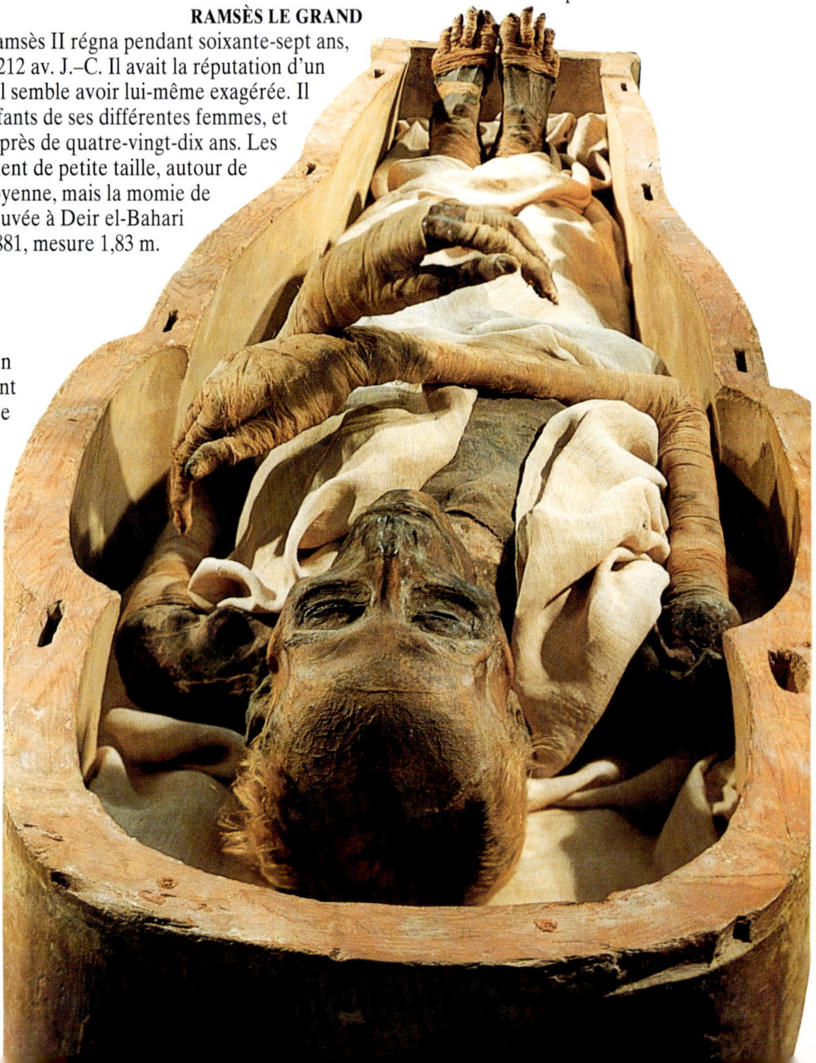

RAMSÈS LE GRAND
Le célèbre Ramsès II régna pendant soixante-sept ans, de 1279 à 1212 av. J.–C. Il avait la réputation d'un grand stratège, qu'il semble avoir lui-même exagérée. Il eut plus de cent enfants de ses différentes femmes, et mourut à près de quatre-vingt-dix ans. Les Egyptiens étaient de petite taille, autour de 1,60 m en moyenne, mais la momie de Ramsès, trouvée à Deir el-Bahari en 1881, mesure 1,83 m.

GASTON MASPERO
Cet archéologue français (le troisième à partir de la droite) supervisa le débandelettage des momies royales au Caire. Quand il vit les corps de si illustres personnages, il se rendit compte qu'ils n'auraient pu rester que des noms. Il écrivit plus tard : «J'avais peine à croire que je ne rêvais pas.»

SARCOPHAGE ROYAL
Le sarcophage du roi Intef (vers 1650 av. J.-C.) est fait d'un tronc d'arbre évidé. Il a été ensuite plâtré et doré à la feuille, on y a gravé le motif de la plume rishi (p. 23). Des pillards volaient même l'or quand ils trouvaient ce type de sarcophage.

USURPATION D'IDENTITÉ
Cette momie parfaitement conservée a été retrouvée drapée d'un suaire au nom de Thoutmosis Ier. Mais l'étude du corps permet de supposer qu'il s'agit de quelqu'un d'autre; en effet, selon ce que nous savons, ce roi vécut jusqu'à l'âge de cinquante ans, et la momie est celle d'un homme beaucoup plus jeune et en excellente santé. Elle ne ressemble en outre absolument pas à la momie du fils de ce roi : Thoutmosis II.

THOUTMOSIS Ier
Une fresque d'un temple de Thèbes représentait le roi Thoutmosis Ier : cette copie en a été faite par Howard Carter.

GUIRLANDES DE FLEURS
Des couronnes de fleurs étaient placées autour du cou de la momie lorsqu'elle était déposée dans la tombe. Quand on souleva le couvercle du sarcophage d'Amenhotep Ier, la douce senteur des fleurs envahit la pièce, trois mille ans après ses funérailles. Une guêpe, attirée par le parfum, s'était trouvée prise au piège et son corps momifié a été retrouvé près de celui du roi.

REINE INCONNUE
Les Egyptologues ne sont toujours pas certains de l'identité de cette femme âgée à la chevelure magnifique. Sa momie a été retrouvée dans la seconde cache royale, en 1898, et certains veulent voir en elle Hatchepsout, la femme pharaon qui se faisait représenter avec la barbe postiche, insigne de royauté. D'autres pensent qu'il s'agit de la reine Tiy, l'une des épouses d'Amenhotep III, et probablement la grand-mère de Toutankhamon (pp. 38-39).

UNE MORT CRUELLE
Le corps le plus étrange que l'on ait mis au jour parmi les momies des pharaons est celui d'un inconnu. Son visage est déformé par la souffrance, et sa bouche est ouverte comme s'il criait. Il a dû avoir une mort horrible, par empoisonnement, suffocation, ou peut-être a-t-il été enterré vivant. Son corps avait été enveloppé dans une peau de mouton, considérée comme impure par les Egyptiens.

UN ROI REPOSE
La seconde cache de momies royales a été découverte dans la tombe d'Amenhotep II en 1898. La plupart des momies furent emportées au Caire, mais on laissa cependant Amenhotep dans le sarcophage où on l'avait trouvé. Peu de temps après que cette photographie a été prise, une bande de voleurs maîtrisa les gardes armés et mit la momie en lambeaux en cherchant des amulettes de valeur.

« TOUTANKHAMON EXISTE, JE L'AI RENCONTRÉ »

Howard Carter (au centre) et son compagnon regardent avec étonnement le sarcophage par une des portes de la quatrième chapelle.

Le 26 novembre 1922, Howard Carter regarde attentivement par un petit trou percé dans la paroi d'une tombe de la Vallée des Rois (pp. 10, 36-37). Il écrira plus tard : « Alors que mes yeux commençaient à s'accoutumer à l'obscurité, la stupéfaction me rendit muet. » L'archéologue anglais et lord Carnarvon, son riche mécène, venaient de découvrir la tombe de Toutankhamon, scellée près de trois mille deux cents ans auparavant. Cinq années d'exploration méthodique les avaient amenés à la seule tombe pharaonique intacte jamais trouvée. À l'intérieur, se trouvait la momie royale, portant un superbe masque en or massif. Le corps reposait dans une série de trois sarcophages dorés eux-mêmes placés dans une cuve de quartzite entourée de quatre chapelles successives de bois doré et d'un amoncellement incroyable de statues, meubles et bijoux.

LE ROI ET LA REINE
Le décor de cette boîte en ivoire et en ébène figure Toutankhamon dans un jardin, recevant des fleurs de son épouse. Quand son père, le puissant pharaon Akhenaton, mourut, il n'était âgé que de neuf ans. Il n'eut probablement pas le temps d'acquérir un grand pouvoir et serait resté inconnu si sa tombe ne nous était pas parvenue dans un tel état de conservation.

UN SCARABÉE EN PENDENTIF
Ce pendentif orné d'un scarabée ailé est fait d'or et de pierres semi-précieuses. La formule inscrite est la transcription hiéroglyphique du nom du pharaon : neb, keperu et Râ.

LE MANNEQUIN DU ROI
Ce mannequin de bois peint montre à quoi ressemblait le roi quand il mourut en 1324 av. J.-C.; il portait probablement ses vêtements et ses bijoux.

LA MOMIE
La momie royale s'est piètrement conservée, du fait d'une réaction chimique aux résines d'embaumement. Toutankhamon était d'une morphologie délicate et mesurait 1,65 m ; l'étude de ses dents indique un âge de seize ou dix-sept ans, mais il a pu vivre jusqu'à vingt-deux ans. La radiographie a montré des lésions crâniennes, mais les causes de sa mort restent incertaines : la situation politique difficile de son règne laisse toutefois supposer qu'il a pu être assassiné.

COFFRE PEINT
Ce coffre de bois peint était rempli de vêtements, parmi lesquels les sandales du roi. Il est couvert de scènes de la vie de Toutankhamon. Sur le côté, on peut le voir conduisant son armée à la victoire sur les Syriens, mais il est peu probable que le roi soit jamais allé à la guerre, et cette scène est censée être une représentation symbolique du pouvoir suprême du pharaon. Dans une scène similaire, sur le couvercle du coffre, le jeune roi chasse des lions, des autruches et des antilopes dans le désert.

PATIENCE
Ce journal italien de 1924 relate l'incroyable découverte. Bien que la tombe ait été mise au jour en 1922, les sarcophages ne furent pas ouverts avant octobre 1925 : Carter était si prudent et si soigneux dans son travail qu'il lui fallut pratiquement dix ans pour examiner entièrement le contenu de la tombe.

MASQUE D'OR
Le masque de la momie du pharaon est en or massif, incrusté de verre de couleur et de pierres semi-précieuses, dont du lapis-lazuli; il pèse 10,2 kg. Il est coiffé du nemes (p. 32), la coiffe royale dont le front est orné d'un cobra et d'un vautour.

UN CERCUEIL D'OR ET DE PIERRES PRÉCIEUSES
Le sarcophage intermédiaire de Toutankhamon, comme le sarcophage extérieur, est fait de bois couvert d'or et de pierres de couleur. Ils s'ajustaient si parfaitement l'un à l'autre que Carter eut des difficultés à les séparer. A l'intérieur, se trouvait l'incroyable troisième sarcophage, en or massif celui-là, pesant 110,4 kg!

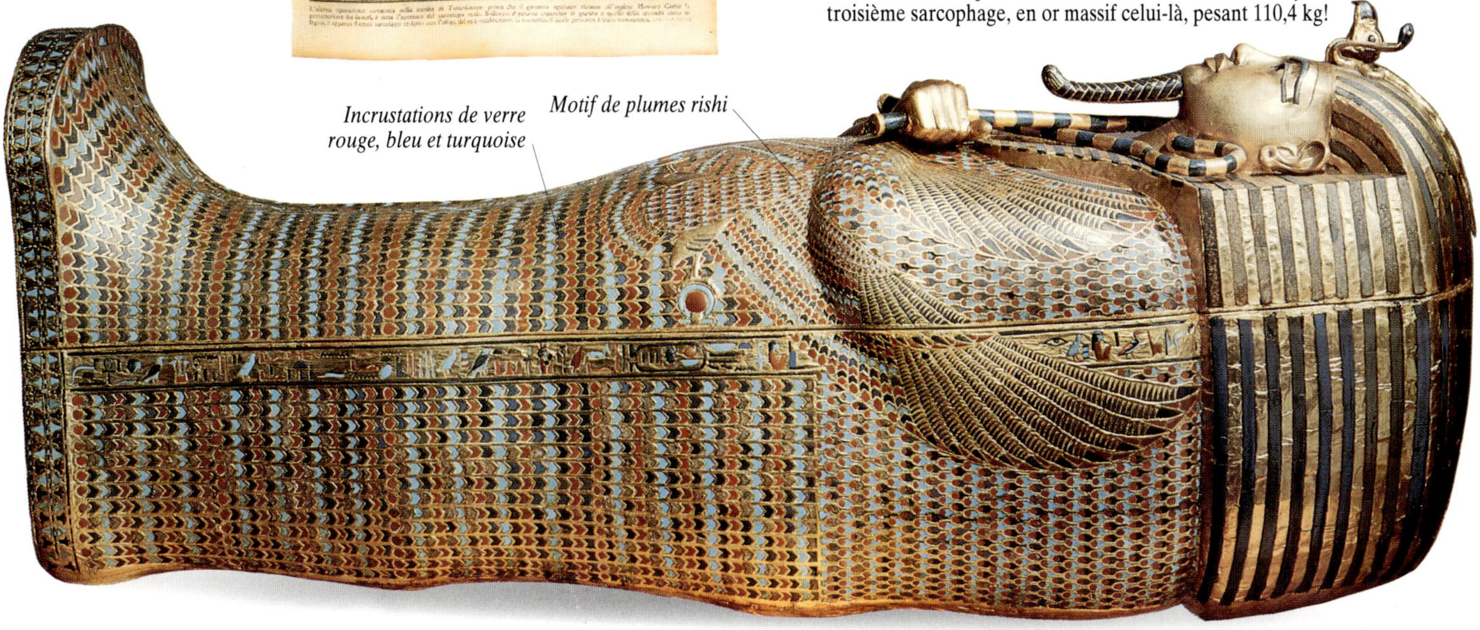

LA FANTASTIQUE MALÉDICTION DE LA MOMIE

« La mort frappera de ses ailes rapides celui qui aura violé la tombe du Pharaon. » Au printemps 1923, les journaux du monde entier prétendaient que cette sinistre inscription avait été trouvée à l'intérieur de la tombe de Toutankhamon. On a dès lors mis en cause cette malédiction supposée dans la mort de nombreuses personnes qui étaient en relation avec la découverte ; certains ont même évoqué des bactéries ou des radiations atomiques contenues dans la tombe ; mais toutes ces disparitions ont une explication rationnelle, et la fameuse inscription n'a jamais existé. Howard Carter et la plupart de ceux qui entrèrent dans la tombe vécurent encore de nombreuses années. D'autre part, le vœu le plus cher d'un pharaon – que son nom reste éternel – a été largement exaucé dans le cas de Toutankhamon si l'on considère l'immense célébrité que lui a apportée la découverte de sa tombe.

POUDRE DE MOMIE
On a longtemps cru que les momies, réduites en poudre, étaient douées de pouvoirs occultes. La poudre de momie était employée comme potion magique, et devint un remède médical très recherché au XVIe siècle. Elle servit également à la fabrication d'un pigment brun, destiné aux artistes, appelé «tête de mort», transcription du latin *caput mortum*.

PREMIÈRE VICTIME
Lord Carnarvon, le mécène d'Howard Carter, était au départ venu en Egypte pour raison de santé. Au début de l'année 1923, il fut piqué par un moustique, et la piqûre s'infecta après un rasage malencontreux. Emporté par la fièvre, il mourut le 5 avril 1923, quatre mois après être entré avec Carter dans la tombe du pharaon. On a raconté plus tard que les lumières du Caire se sont éteintes au moment de sa mort.

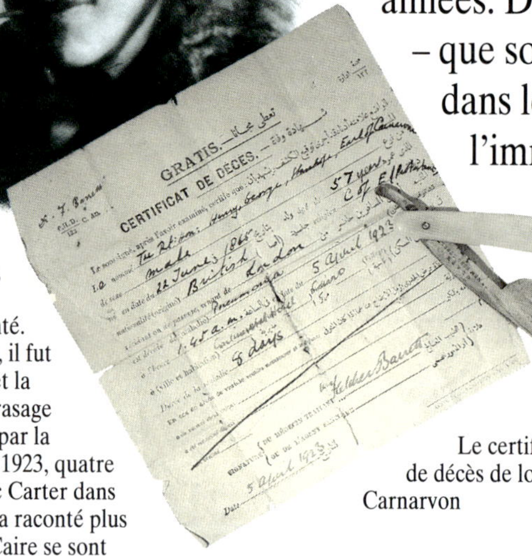

Le certificat de décès de lord Carnarvon

Le rasoir coupe-chou de lord Carnarvon

DES INCANTATIONS MALÉFIQUES
On a retrouvé quatre statuettes, appelées «briques magiques», dans la tombe de la prêtresse Henoutmehit (pp. 22 et 32). Les briques étaient disposées aux quatre coins de la tombe et étaient supposées posséder des pouvoirs surnaturels. Une formule du Livre des Morts est gravée sur chacune des quatre briques encore crues ; l'une d'entre elles déclare : «Toi qui es venu pour voler, je ne te laisserai pas voler… je suis la protection d'Osiris-Henoutmehit». L'inscription servait à éloigner les intrus qui auraient pu déranger la momie de la prêtresse dans sa tombe.

Inscription en écriture hiératique

Brique d'argile

LA MOMIE DEVIENT STAR DE CINÉMA
La momie furieuse, dérangée dans son sommeil séculaire, fut une source d'inspiration fertile dans le film d'horreur. Le plus ancien, *La Momie*, date de 1932, et c'est Boris Karloff (ci-dessus) qui jouait le rôle de la momie du prêtre Imhotep. Son «costume» avait été conçu à partir de la véritable momie du pharaon Ramsès II, découverte à Deir el-Bahari en 1881. Dans le film, la momie d'Imhotep est ramenée à la vie par un archéologue récitant à haute voix une formule magique.

LA VENGEANCE DE LA MOMIE
Aux côtés de *Dracula* et de *Frankenstein*, la momie vengeresse est devenue l'un des «monstres» les plus populaires du film d'horreur hollywoodien. Ci-contre une affiche pour le remake en couleurs de *La Malédiction des pharaons*, en 1959, interprété par Christopher Lee. Parmi les nombreux autres films basés sur le même thème citons : *La Main de la momie* (1940), *Le Fantôme de la momie* (1944) et même *Abbott et Costello rencontrent la momie* (1955).

L'assistante de l'archéologue, dans *Les Aventuriers de l'Arche perdue*, se retrouve dans une tombe pleine de momies.

PERDUE DANS LA TOMBE
Un fait divers, qui s'est produit en 1934, raconte qu'une touriste hongroise s'était égarée dans la tombe de Ramsès II au cours d'une visite de la Vallée des Rois. On la retrouva le lendemain matin, gisant sans voix aux pieds d'une statue du pharaon; elle avait été totalement terrifiée par sa nuit passée dans la tombe glacée et obscure.

UN CRI SILENCIEUX
Au XIXe siècle, on faisait collection de momies et on les exposait en Europe dans des cabinets de curiosités. Les touristes et voyageurs qui visitaient l'Egypte pouvaient les acheter à des marchands qui se livraient à ce négoce de «souvenirs» lucratif. Cette horrible tête de momie a même été montée sous globe; nul ne sait plus d'où elle vient, à qui elle appartenait ni quel était son âge. Son aspect effrayant a servi de modèle aux momies du film *Les Aventuriers de l'Arche perdue*, en 1981, qui ont été modelées en silicone.

LES GRECS ET LES ROMAINS ONT SUIVI LA COUTUME ÉGYPTIENNE

Nombreux étaient les Grecs établis en Égypte longtemps avant l'invasion par Alexandre le Grand en 332 av. J.-C. (p. 29). Tout comme les Romains qui arrivèrent à leur tour en 30 av. J.-C., ils adoptèrent la coutume égyptienne de la momification. S'ils mirent un soin tout particulier à bandeletter leurs momies avec des motifs géométriques élaborés, elles sont généralement mal embaumées. Elles n'étaient pas inhumées dans des tombeaux bâtis, mais directement dans le sol ; et plusieurs générations étaient fréquemment entassées dans des fosses familiales. Les momies les plus intéressantes de la période romaine ont été découvertes dans les cimetières du Fayoum, au nord de l'Égypte. Contrairement aux visages idéalisés des masques des momies égyptiennes, elles représentent de façon réaliste le visage du défunt.

UN CHAT ROMAIN
Les Grecs et les Romains ont momifié toutes sortes d'animaux (pp. 44-47). Cette momie de chat porte un masque en plâtre peint, et des bandelettes de lin de deux couleurs ont été employées et drapées pour former un motif complexe en «fenêtre».

LE MORT-VIVANT
Ces portraits de momies sont peints sur des panneaux de bois avec de la cire colorée. Ils ont probablement été réalisés du vivant de leurs modèles, et conservés à la maison jusqu'à leur mort. Ils sont pour les égyptologues une source d'information.

JEUNESSE ÉTERNELLE
La radiographie de cette momie de jeune Romain a montré qu'il était encore adolescent lorsqu'il mourut. Le bandelettage sophistiqué est décoré de clous dorés.

MASQUES RÉALISTES
Certaines momies grecques portent des masques de plâtre qui donnent l'illusion qu'elles sont assises dans leur sarcophage. Nombre de ces masques sont couverts d'or, et les yeux incrustés de pierre ou de verre leur donnent une apparence encore plus réaliste.

OISEAU ROYAL
Le faucon volait très haut dans le ciel de l'Egypte, et il fut dès lors associé au dieu du ciel, Horus, dont on pensait qu'il se réincarnait dans la personne du pharaon. Durant les époques grecque et romaine, les faucons étaient momifiés et enterrés dans des cimetières réservés aux animaux.

IDENTITÉ DE MOMIE
Un échange de corps sous la tente de l'embaumement aurait eu des conséquences désastreuses. Aussi, pour éviter toute confusion, les embaumeurs romains passaient une plaque d'identité autour du cou de chaque momie. Elle porte mention du nom du défunt, de son âge, de sa profession, de sa famille, et parfois même la date du décès et le lieu où il doit être enterré. Sur certaines est inscrite une prière pour l'âme du mort :il s'agit de présents faits par l'entourage, en guise de «pierre tombale».

LA PETITE FILLE DORÉE
Cette petite Romaine mourut en Egypte à l'âge de huit ou neuf ans. Elle n'a pas été bien embaumée, mais sa peau a été enduite d'une résine noire et liquide qui l'a rendue rigide et imperméable, puis couverte d'une fine feuille d'or, qui avait pour fonction de l'associer au dieu-soleil.

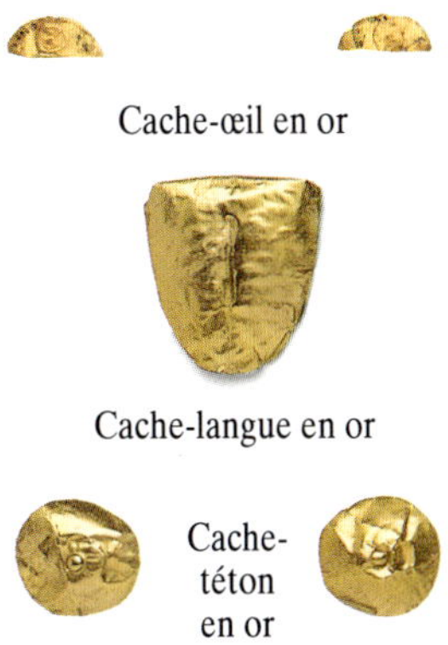

FEUILLES D'OR
Les Romains plaçaient des plaques d'or sur les organes des sens des momies. La plaquette en forme de langue devait avoir pour effet de lui redonner la parole.

Vue de profil de la fillette romaine, montrant la bonne conservation des cheveux et des sourcils

LA MORT DE CLÉOPÂTRE
La dernière souveraine grecque d'Egypte, Cléopâtre, mourut en 30 av. J.-C. Les historiens romains racontent qu'elle se suicida en se faisant mordre le sein par un serpent. S'il n'y a aucune preuve pour étayer cette légende, elle a néanmoins été rapportée et représentée mille fois. Le corps de Cléopâtre a probablement été momifié, et enterré avec tous les égards dus à la dépouille d'une reine d'Egypte. Elle est supposée avoir été inhumée aux côtés de son amant, Marc Antoine.

LA FAUNE, ELLE AUSSI, A SES MOMIES

Les Égyptiens momifiaient un grand nombre d'animaux avec le même soin qu'ils accordaient aux humains. S'il s'agissait d'animaux de compagnie, on les plaçait ensuite dans la tombe de leur maître. Mais la plupart d'entre eux étaient momifiés pour des raisons religieuses, car on pensait qu'ils étaient des messagers symboliques des dieux ; réciproquement, les dieux furent associés à un ou plusieurs animaux. La vache, par exemple, qui prenait grand soin de ses petits, était associée à Hathor, déesse de l'amour et de la maternité. Des emplacements particuliers devinrent des centres de culte pour les dieux et les déesses principaux : les animaux qui leur étaient consacrés y étaient momifiés et enterrés dans de vastes cimetières. Durant la période tardive de l'Égypte, cela devint une énorme industrie, et on éleva des millions d'animaux dans le seul but de les momifier.

TAUREAU SACRÉ
Lorsqu'il mourait, Apis, le taureau sacré (p. 27), était embaumé avec autant de soin et de cérémonies qu'un pharaon.

Sarcophage de bronze pour une momie de musaraigne, animal sacré du dieu Horus

Momie de chacal, consacré à Anubis, le dieu de l'embaumement (pp. 10, 13-15)

MOITIÉ ANGUILLE, MOITIÉ SERPENT
Ce sarcophage en bronze était destiné à la momie d'une anguille ou d'un cobra. La face barbue et la couronne de la tête de serpent signalent l'association avec la royauté.

Deux faucons embaumés et momifiés ensemble, pour renforcer leur association mystique au dieu Horus (p. 20)

Sarcophage de calcaire pour un scarabée, la plus petite créature qui fût embaumée.

ROULER À TRAVERS LE CIEL
Le scarabée fabrique des boules d'excréments et les fait rouler devant lui. On croyait que le dieu scarabée Kephri roulait ainsi le soleil dans le ciel.

Momie de crocodile

Momie de poisson

SACRÉ OU COMESTIBLE
Dans certaines parties de l'Egypte, les poissons étaient sacrés, on ne les pêchait ni ne les mangeait. Mais dans d'autres, ils étaient au menu… d'où de violents conflits entre villes voisines de confessions opposées sur le sujet!

LES MAÎTRES DU NIL
Dans l'Antiquité, les rives du Nil grouillaient de crocodiles, craints pour leur férocité. Ils étaient consacrés à Sobek, dieu de l'eau. Certains étaient apprivoisés et gardés dans un luxe ostentatoire : on les nourrissait de vin et des meilleures viandes; ils portaient même des bijoux en or. Le plus grand crocodile momifié jamais retrouvé mesurait 4,6 m de long.

Masque de faucon en plâtre peint

UN GÎTE PAISIBLE
La momie d'un faucon repose dans ce cartonnage (p. 18). Le couvercle est richement décoré d'un collier floral et d'un scarabée ailé. Ces ornements sont identiques à ceux de sarcophages destinés à des momies humaines.

Tête d'oie momifiée : c'était l'animal fétiche du dieu Amon.

IBIS SACRÉ
On trouvait trois sortes d'ibis dans l'Ancienne Egypte : les espèces migratrices au plumage brun, l'ibis à crête de bronze et le superbe ibis sacré (à droite). Les deux derniers ont aujourd'hui déserté les rives du Nil.

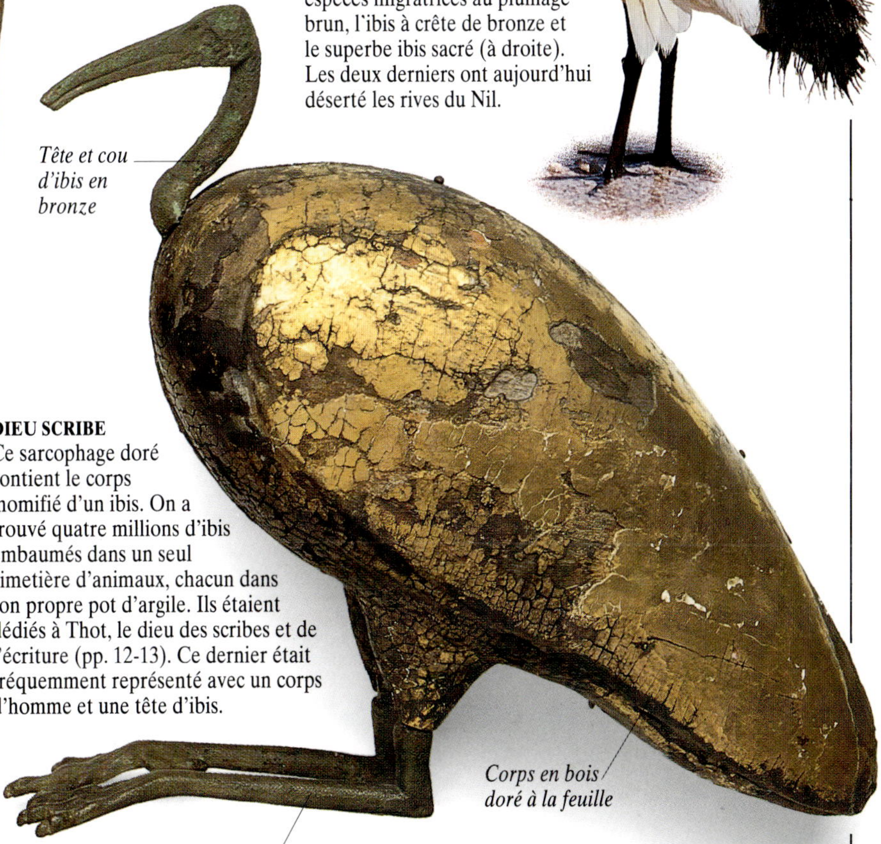

Tête et cou d'ibis en bronze

Corps en bois doré à la feuille

Patte d'ibis en bronze

DIEU SCRIBE
Ce sarcophage doré contient le corps momifié d'un ibis. On a trouvé quatre millions d'ibis embaumés dans un seul cimetière d'animaux, chacun dans son propre pot d'argile. Ils étaient dédiés à Thot, le dieu des scribes et de l'écriture (pp. 12-13). Ce dernier était fréquemment représenté avec un corps d'homme et une tête d'ibis.

Dents proéminentes

Bandage géométrique, typique de la période romaine

Arcades sourcilières saillantes sous les bandelettes

LE CHAT SACRÉ DE LA DÉESSE BASTET

Les chats gracieux, aux yeux verts, des maisons de l'ancienne Égypte ressemblaient beaucoup aux animaux de compagnie que nous connaissons aujourd'hui. Les témoignages antiques prouvent que le chat était domestiqué au moins depuis 2100 av. J.-C. Pendant la période tardive, le chat était même un animal sacré. Hérodote, historien grec du ve siècle avant notre ère, a décrit avec quelle attention les chats étaient protégés en Egypte : quiconque s'avisait d'en tuer était passible de la peine capitale. Lorsque leur chat familier mourait, certaines familles portaient sa dépouille à Bubastis, la ville où se tenait le culte de la déesse-chatte Bastet ; le chat était alors embaumé, bandeletté et placé dans un sarcophage.

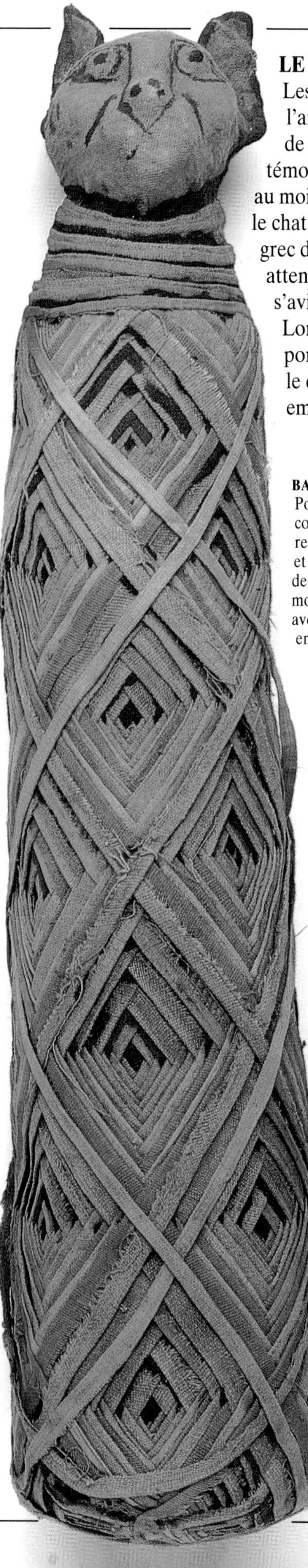

BANDELETTES DE CHAT
Pour momifier un chat, les embaumeurs commençaient par l'éviscérer, puis ils le remplissaient ensuite de terre ou de sable et le bandelettaient avec du lin imprégné de natron ou de résine. Cette délicate momie de chat a été bandelettée avec grand soin, selon un motif en pointes de diamant.

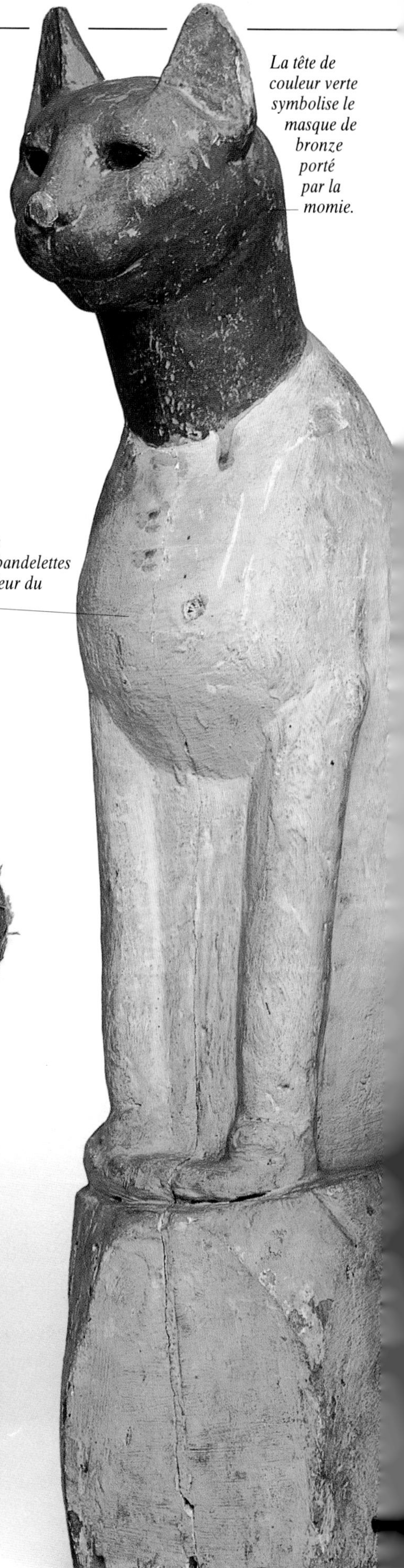

La tête de couleur verte symbolise le masque de bronze porté par la momie.

Le corps blanc représente les bandelettes de lin à l'intérieur du sarcophage.

Momie de chat à l'allure comique

BIEN AJUSTÉ...
Afin que la momie soit bien compacte, les embaumeurs rabattaient les pattes de devant sur les côtés et ramenaient les pattes de derrière sur le ventre. La queue était ensuite roulée entre les pattes.

Oreille percée pour recevoir une boucle en or

BASTET DE BRONZE
La fête annuelle de la déesse-chatte Bastet était l'un des événements les plus importants du calendrier de l'Ancienne Egypte. Cette statue de la déesse est en bronze, et les yeux incrustés en verre de couleur. Beaucoup de ses élégantes représentations portaient des anneaux d'or au museau et dans les oreilles. Des milliers de statues de Bastet étaient disposées dans ses temples, par des prêtres, afin que ses adorateurs puissent lui apporter des offrandes : du lait et de la nourriture. Les mêmes prêtres élevaient également des chats, destinés à être momifiés.

Sarcophage de bronze destiné à contenir la patte momifiée d'un chat

TONSURE SPIRITUELLE
Se raser était pour les Egyptiens synonyme de purification de l'esprit : les prêtres et les prêtresses avaient tous la tête rasée. Lorsqu'un chat mourait, une famille entière pouvait se lamenter et raser ses sourcils en signe de respect.

Œil de verre coloré

SARCOPHAGES PERSONNALISÉS
Ces sarcophages en bois ont tous été retrouvés à Bubastis, le principal lieu de culte consacré au chat. Chacun contenait une momie parfaitement bandelettée, le plus grand celle d'un chat gracieux et idéalisé, les deux autres celles de matous bien plus naturels. Au XIXe siècle, quelque trois cent mille momies de chats égyptiens furent expédiées par mer à Liverpool, en Angleterre, pour y être transformées en engrais vendu quatre livres la tonne.

LES MOMIES S'OFFRENT À NOUS « CORPS ET ÂME »

L'étude scientifique des momies fait bien plus que révéler la manière dont les Égyptiens embaumaient leurs morts. L'autopsie apporte également des informations sur leur mode de vie, leur alimentation et les maladies dont ils souffraient. Au XIXe siècle, de nombreuses momies ont été examinées par des chirurgiens, mais leurs découvertes restèrent limitées, faute de techniques appropriées. L'invention de la radiographie en 1895 donnait enfin la possibilité de « débandeletter » la momie grâce aux rayons X sans porter atteinte à son intégrité. Si le matériel fut tout d'abord lourd et encombrant, on mit au point dans les années 1960 des appareils qui pouvaient être emportés dans les musées, et même sur le terrain. Le scanner peut aujourd'hui « voir » au travers des bandelettes et reconstituer une image tri-dimensionnelle du corps qui s'y trouve dissimulé. Un simple échantillon de tissu cellulaire prélevé sur la momie peut être réhydraté, et ainsi être étudié du point de vue de sa structure : de même il est possible de pratiquer une étude génétique de base de chaque individu.

ESTIMER L'ÂGE
Cette momie d'homme repose dans le sarcophage réalisé vers 1000 av. J.-C. pour la chanteuse Taouhenout. L'analyse de sa dentition et de son squelette donne une fourchette d'âge comprise entre vingt et trente-cinq ans. Des estimations plus précises peuvent être faites pour des momies âgées de moins de vingt-cinq ans, lorsque la croissance n'est pas encore terminée.

AUTOPSIE AU CAIRE
Le médecin français Daniel Fouquet débandelette ici la momie de Taouedjatra, une prêtresse morte vers l'an 1000 av. J.-C. Cette autopsie historique eut lieu au musée du Caire, en 1891, et fut suivie par les plus éminents égyptologues, ainsi que par des femmes de la haute société.

LA TRADITION DE MANCHESTER
En 1908, le docteur Margaret Murray (deuxième à partir de la droite) et ses collègues disséquèrent une momie à l'université de Manchester, en Angleterre. Ils prélevèrent des échantillons de tissu humain qui furent analysés dans les années 1970 dans le cadre d'une étude systématique portant sur l'ensemble des momies connues. Réhydratés puis examinés au microscope, les tissus révélèrent une maladie des poumons, la silicose, due aux tempêtes de sable et au climat.

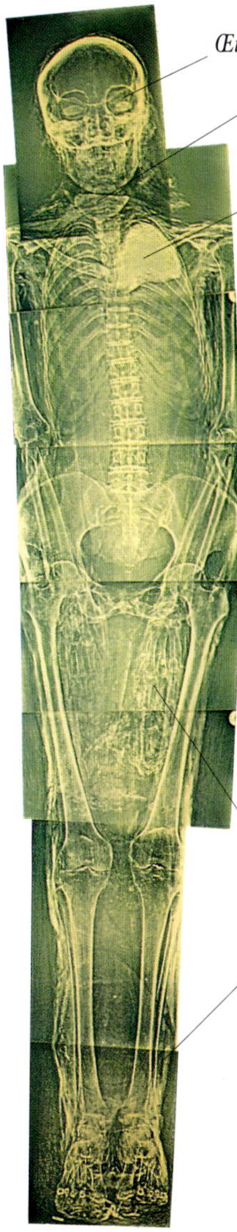

TOUT EST RÉVÉLÉ
Voici la xérographie d'une momie datant de 1000 av. J.-C. A la différence des rayons X, la xérographie accentue les limites, et ainsi les contours des formes observées sont plus faciles à examiner. Cette technique est parfaitement adaptée à la localisation des amulettes (pp. 20-21) et des viscères, aussi bien que des os et des tissus momifiés. Sur cette image, on remarque un important rembourrage placé sous la peau pour redonner une apparence à un corps efflanqué.

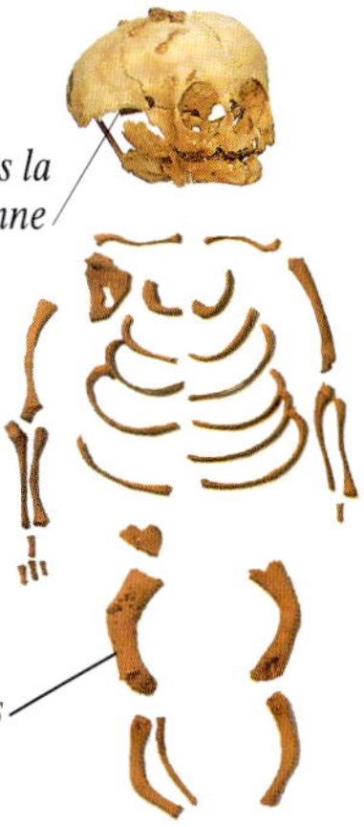

MALADIE DES OS
Ce sarcophage de la XXIIe dynastie (de 945 à 715 av. J.-C.) contenait la momie d'un enfant dont il ne reste plus que le squelette. Les médecins ont découvert que les étranges déformations du crâne et de l'ensemble des os avaient été causées par une maladie très rare, l'*osteogenesis imperfecta*. Elle aurait atteint l'enfant alors qu'il était encore dans le ventre de sa mère : le bébé a dû naître avec une extrême fragilité osseuse, et mourir peu de temps après.

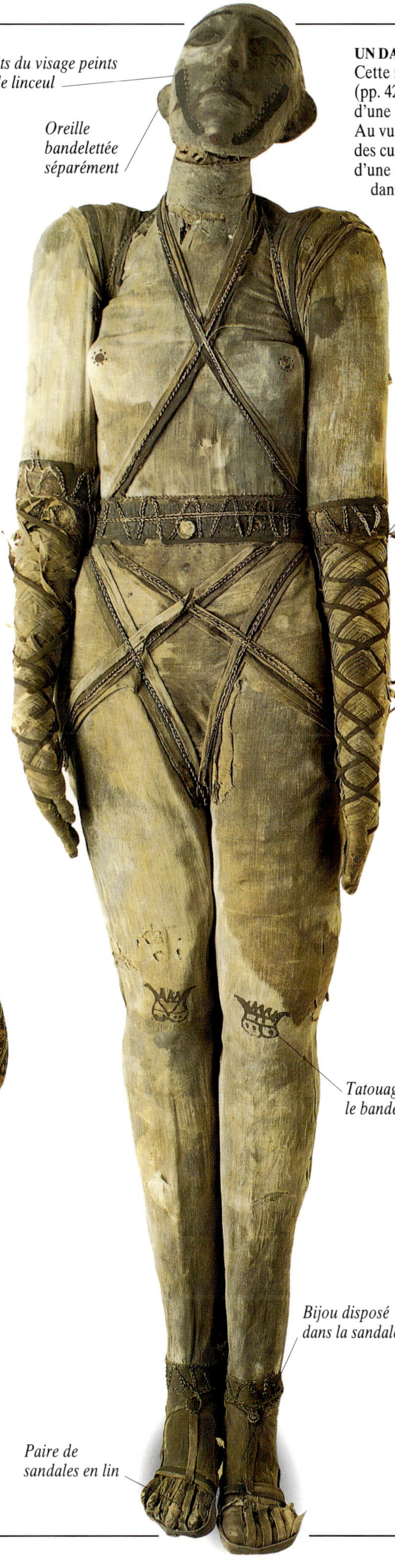

UN DANSEUR
Cette momie inhabituelle de la période romaine (pp. 42-43) a été retrouvée dans le sarcophage d'une femme datant d'une époque bien antérieure. Au vu du linceul, qui accentue les formes des seins et des cuisses, on a tout d'abord supposé qu'il s'agissait d'une momie de femme. Mais des radiographies prises dans les années 1960 ont révélé qu'il s'agissait en fait d'un homme. Les peintures de son suaire figurent des tatouages, dont on sait qu'ils étaient portés par des danseurs de cérémonies religieuses ou de banquets. Les embaumeurs ont bandé la momie avec grand soin, en veillant à l'envelopper de telle sorte qu'elle garde l'aspect du vivant. Le visage a été peint dans le style des momies de l'Ancien Empire. Les doigts et les orteils sont tous bandelettés séparément, jusqu'aux couches externes. C'est un cas extrêmement rare.

Vue de profil d'une momie romaine, montrant le bandelettage délicat des doigts

EMPREINTE DIGITALE DE MOMIE
Même après trois mille ans, il est encore possible de prendre les empreintes digitales d'une momie. Les médecins légistes de Scotland Yard, à Londres, ont les empreintes d'une momie égyptienne dans leurs archives : elles furent prélevées sur une de celles qui sont conservées au British Museum.

EN VISITE OFFICIELLE À PARIS
En 1974, on s'aperçut que la peau de la momie de Ramsès II était atteinte d'une mystérieuse et destructrice infection. Trois ans plus tard, la momie s'envolait vers Paris pour y subir un traitement de choc. Les conventions internationales exigeaient qu'il soit muni d'un passeport, portant mention de sa profession : «roi (décédé)» ; il fut reçu en grande pompe selon son rang. En France, une équipe de médecins spécialistes parvint à enrayer l'infection, qui s'avéra être un fungus. Au total, cent deux experts dont des radiologues, des médecins légistes, des botanistes et des spécialistes du textile purent examiner le corps du défunt monarque.

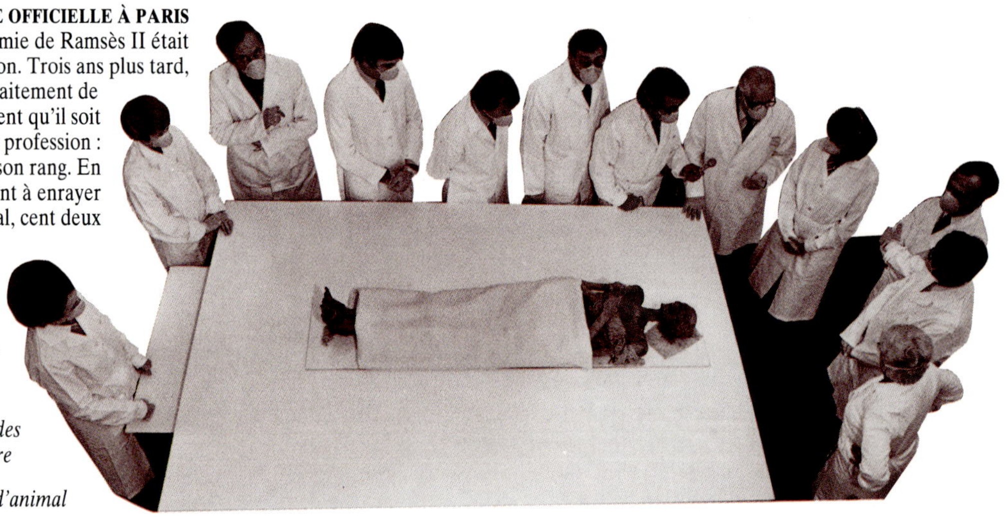

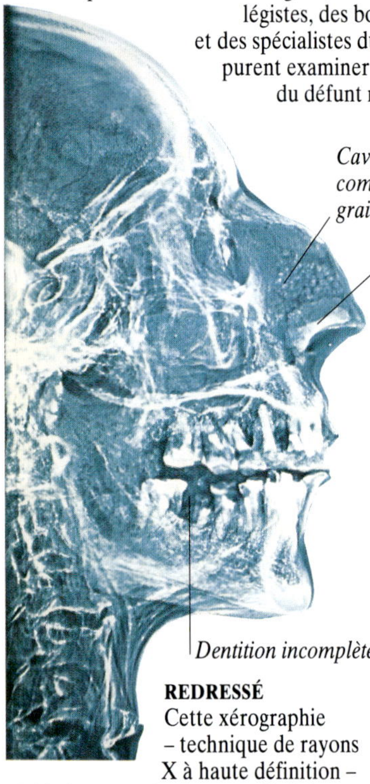

REDRESSÉ
Cette xérographie – technique de rayons X à haute définition – révèle le secret du digne profil de la momie. Les embaumeurs sont parvenus à conserver au nez du roi sa droiture, en le remplissant de grains de poivre, et à le renforcer avec un minuscule os d'animal.

RAMSÈS LE GRAND RÉVÉLÉ

La momie de Ramsès II le Grand a été découverte en 1881, et elle est conservée depuis au musée du Caire. Un déplacement exceptionnel de la momie à Paris, en 1977, a été l'occasion unique pour des spécialistes du monde entier d'examiner le corps du pharaon. Il est tout à fait intéressant de comparer leurs découvertes avec nos connaissances de l'histoire d'un règne long de soixante-sept ans. Les rayons X ont montré une blessure de guerre à l'épaule et les signes d'une fracture cicatrisée à un orteil. Des examens plus précis ont mis en évidence la présence d'une petite pièce de tissu bleu et or sur la peau, probablement un fragment de vêtement royal. La présence inhabituelle de sable laisse penser qu'il fut embaumé près de Pi-Ramsès, la capitale pharaonique du nord du pays. L'analyse des résines a révélé les espèces d'herbes et de fleurs employées pour l'embaumement : le corps de Ramsès était particulièrement riche en essence de camomille.

LE PHARAON VIVANT
Voici ce à quoi Ramsès II le Grand a dû ressembler de son vivant. Peint par Winifred Brunton en 1920, ce portrait était fondé sur la confrontation de la momie avec des sculptures anciennes. La ressemblance entre Ramsès et son père, Séthi Ier, est tout à fait frappante. Les deux rois momifiés ont le même grand nez aquilin.

BILAN DE SANTÉ
Si l'on considère qu'il est âgé de plus de 3 260 ans, Ramsès II est en très bonne santé ! Ses cheveux étaient probablement teints au henné, même si leur couleur naturelle semble être le roux. Sa bouche légèrement ouverte révèle une bonne dentition mais aussi des abcès dans la mâchoire. Le roi était également victime de troubles de la circulation sanguine et d'arthrite dans les hanches. Il est mort dans sa quatre-vingt-dixième année, et avait le dos voûté. Pour redonner la tête haute à sa momie, les embaumeurs durent lui briser la colonne vertébrale.

LES MOMIES AU SCANNER

Depuis 1977, les médecins examinent les momies à l'aide d'une nouvelle technique utilisant les rayons X, visualisant les tissus en fonction de leur densité, le scanner. On peut obtenir, avec un ordinateur, des tomodensitométries qui sont de véritables « coupes ». Une simple radiographie aux rayons X produit une projection plane d'un objet, mais le scanner peut offrir de nombreuses vues successives, extrêmement précises. Ces images sont traitées par l'ordinateur qui les assemble pour produire une représentation de l'objet étudié en trois dimensions, de ses surfaces comme de sa structure interne. Il est également possible de faire un agrandissement sur un détail de la momie, et de varier l'épaisseur de la « tranche » selon la partie de la momie que l'on étudie, en particulier pour les dents et le crâne. En 1991, les médecins de l'hôpital St.Thomas, à Londres, et le British Museum ont entamé un programme de recherche au scanner sur des momies.

Sarcophage, ou cartonnage de Tjentmoutengebtiou

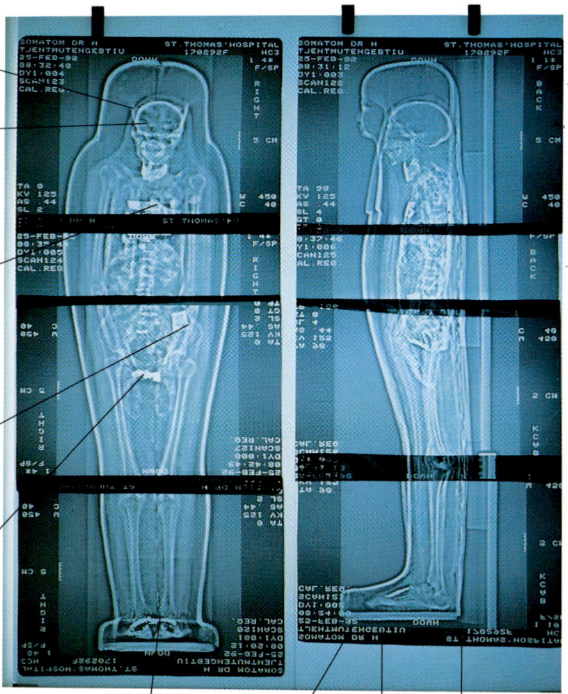

Bordure du masque de la momie

Œil artificiel

Amulette en métal, en forme de faucon

Plaque d'obturation de l'orifice d'éviscération, en métal

Amulette métallique sur le sexe

Amulette ailée en métal, posée sur les pieds

Contour du sarcophage

Bandelettage de la momie

Squelette de la momie

OBSERVATION AUX RAYONS X

Le scanner peut aussi simuler les images classiques, en deux dimensions, de la radiographie aux rayons X. Les structures denses, comme les os, apparaissent en blanc; les matériaux moins denses comme les bandages ressortent en bleu foncé ou en noir. Cette radiographie permet de voir le squelette dans la momie, et la momie elle-même dans son sarcophage; le masque de la momie, les yeux artificiels, les diverses amulettes et une plaque d'embaumement apparaissent également.

VEDETTE DE LA TÉLÉVISION

Les radiologues suivent l'exploration au scanner sur des écrans de télévision à haute résolution, dans une cabine d'observation séparée. Ils contrôlent l'épaisseur des tomodensitométries : 2 mm pour la tête et le cou, 4 mm pour le reste du corps de la momie. Il faut au total cinq cents «tranches» pour l'explorer de la tête aux pieds.

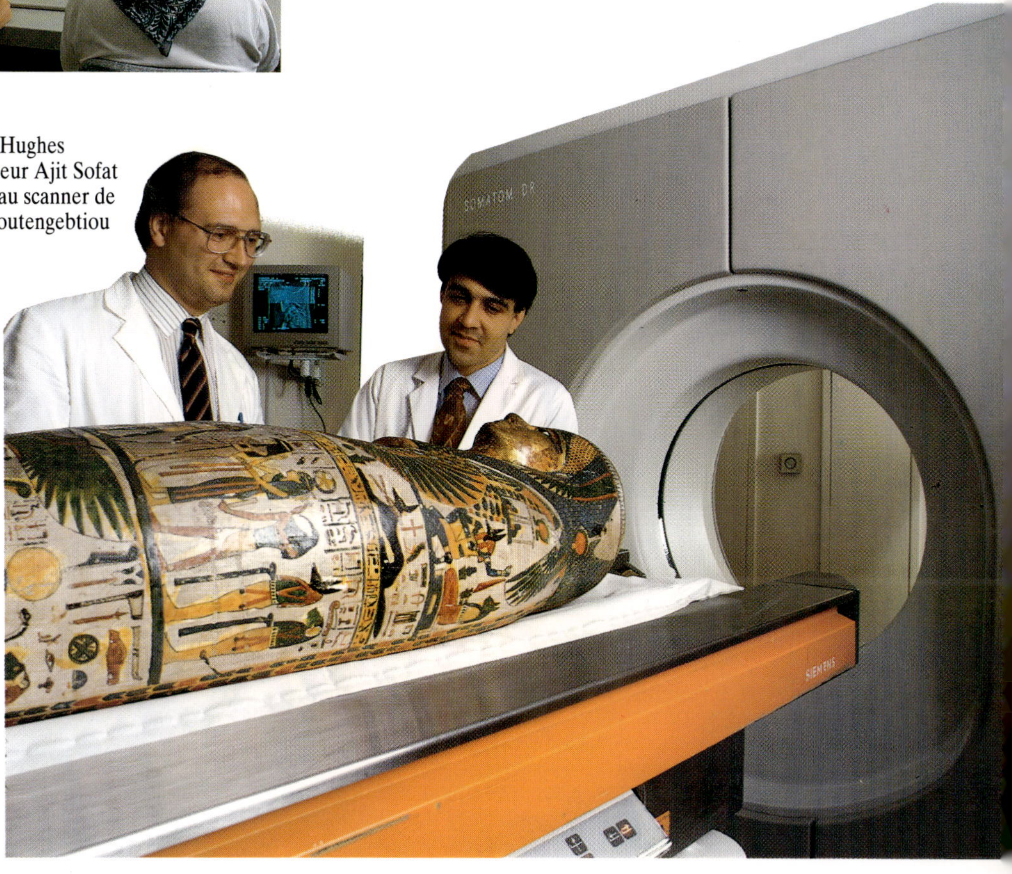

Le docteur Stephen Hughes (à gauche) et le docteur Ajit Sofat préparant l'examen au scanner de la momie de Tjentmoutengebtiou

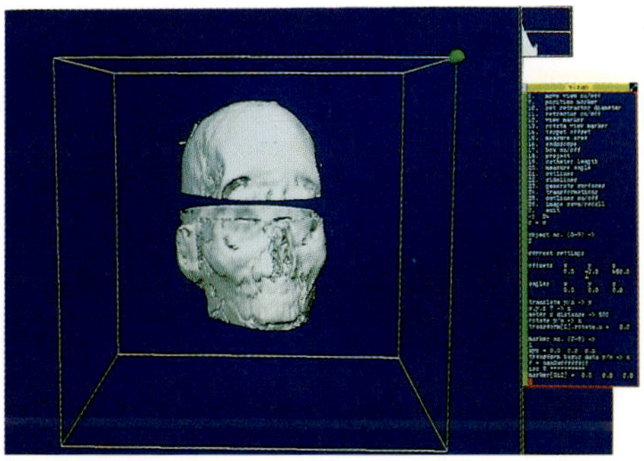

IMAGE VIRTUELLE

Le scanner apporte aux médecins des renseignements précieux sur la densité des objets qui sont cachés sous la surface. Chacun des tissus composant le corps, comme les os ou la peau, ont leur propre densité qui peut être identifiée grâce aux images assistées par ordinateur. On voit ici la peau du crâne de Tjentmoutengebtiou, mais de semblables représentations peuvent être faites de l'intérieur du crâne. Le scanner permet aussi de déterminer le matériau composant les amulettes, argile ou métal par exemple.

DANS LES ANDES, ON LES EMPAQUETAIT

Les plus anciennes momies andines sont celles de peuplades de pêcheurs qui vivaient le long des côtes du Chili et du Pérou. Dès 3000 av. J.-C., ils conservaient le corps de leurs morts en les desséchant au soleil. Des momies de plusieurs cultures ultérieures ont été trouvées un peu partout en Colombie, en Équateur, au Pérou et au Chili, des hauts sommets montagneux des Andes jusqu'aux plaines arides du bord de mer. La plupart traitaient les momies des ancêtres comme des objets sacrés. Les Incas, qui occupaient la majeure partie des Andes lorsque les Espagnols arrivèrent en 1532, croyaient que leur roi mort devenait un dieu. En adorant sa momie, ils pensaient maintenir son âme en vie : elle était assise sur un trône et servie par des domestiques qui la nourrissaient et l'habillaient. Les jours de fêtes religieuses, les momies étaient portées en procession dans les rues de Cuzco, la capitale des Incas.

Figure de démon dansant, provenant de Paracas, au Pérou, où de nombreuses momies furent découvertes.

GUERRIER DE POTERIE
Les Moche étaient un peuple d'agriculteurs qui vivaient sur la côte nord du Pérou, de 200 av. J.-C. à environ 600 apr. J.-C. Ils fabriquaient de superbes poteries qu'ils ensevelissaient avec leurs morts.

LE DIEU CHAT
Le vêtement avait beaucoup de valeur chez les Incas, qui étaient de grands tisseurs et brodeurs : c'était pour eux un symbole de richesse. Cette tapisserie représentant le dieu chat a été tissée par le peuple Chancay (1000 à 1450 apr. J.-C.). De grandes quantités de tissus de couleur étaient déposées dans les tombes; les momies étaient de plus enveloppées dans plusieurs couches de vêtements conçus spécialement pour cet usage. Les plus précieux ornements de momies ont dû exiger des tisseurs plusieurs années de travail. Certaines tombes contenaient même des métiers à tisser, des fuseaux, des rouleaux de fil.

MOMIE PÉRUVIENNE
Certaines momies péruviennes étaient soigneusement embaumées. Elles subissaient une éviscération, un fumage, un frictionnement avec des huiles, des résines et des herbes. Cependant, la plupart devaient leur conservation aux conditions climatiques naturelles : chaleur et sécheresse de la côte ou air glacial des montagnes. La technique du dessèchement était probablement accompagnée de couches de tissus qui absorbaient les liquides corporels. On plaçait généralement le mort en position fœtale, les genoux ramenés contre la poitrine, les mains plaquées sur le visage. Bras et jambes étaient alors fermement maintenus par des liens.

CIMETIÈRE DU DÉSERT
Le climat sec de la côte péruvienne était idéal pour le dessèchement des momies. Vers 1880, plusieurs centaines de momies parfaitement conservées furent découvertes dans les milliers de tombes du vaste cimetière du désert d'Ancon. La teneur élevée en sels naturels du sol a dû contribuer à la conservation des corps.

Figure masculine — Figure féminine

OFFRANDES DE FERTILITÉ
Le peuple Chancay, vivant sur les côtes centrales du Pérou, enterrait de nombreuses poteries avec ses morts. Ces statuettes masculine et féminine reposaient de chaque côté de la momie.

FAUSSE TÊTE
Cette tête postiche était celle d'une des momies retrouvées à Ancon, au Pérou, vers 1880. C'est une sorte de coussin en coton de couleur, rembourré de feuilles et d'algues. Le nez et la bouche sont en bois sculpté, les yeux en coquillages avec une goutte de résine pour la pupille. La chevelure, en fibres végétales teintes en noir, est tenue par un bandeau et couronnée d'une coiffe de plumes vertes de perroquet, signe du haut rang du défunt.

MOMIE EMPAQUETÉE
Les Chimu étaient un peuple d'agriculteurs très avancés du nord du Pérou. Leur royaume prospéra de 1000 à 1470 apr. J.-C. et fut ensuite conquis par les Incas. Leurs momies ont l'apparence de «paquets», avec une tête factice. Il contient le corps en position fœtale, enveloppé de couches de coton fin et de toile de laine. Les rayons X ont révélé que les yeux du mort sont recouverts de plaques de métal, probablement en or. Un des poignets porte également un bracelet, et des coquillages ornaient les chevilles.

SACS DE PROVISIONS
Cette vue de profil met en évidence les bourses qui pendent de la ceinture passée autour du paquetage. Elles contiennent des avocats, du coton, et des feuilles de coca, que l'on mâchait pour en extraire la cocaïne.

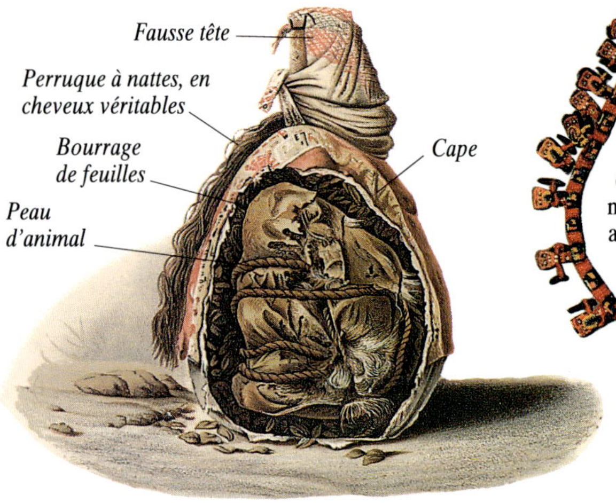

À L'INTÉRIEUR DU « PAQUET »
Cette vue «écorchée» d'une momie-paquet a été dessinée pendant la campagne des fouilles d'Ancon, au Pérou, à la fin du XIXe siècle. La momie a été retrouvée avec quelques vases dans une tombe profonde de trois ou quatre mètres. Le corps déshydraté a été enveloppé dans une peau d'animal et ficelé serré.

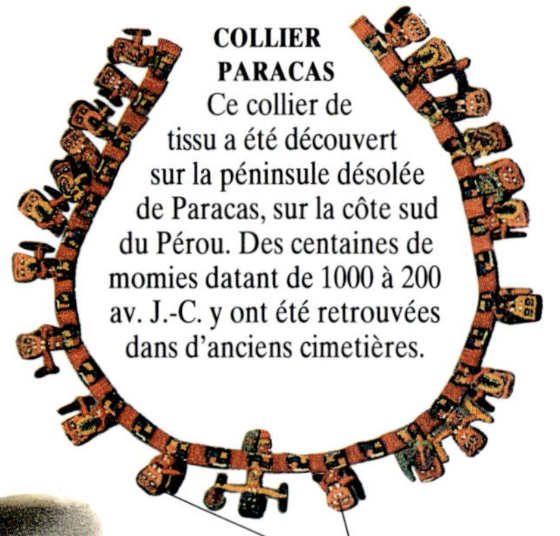

COLLIER PARACAS
Ce collier de tissu a été découvert sur la péninsule désolée de Paracas, sur la côte sud du Pérou. Des centaines de momies datant de 1000 à 200 av. J.-C. y ont été retrouvées dans d'anciens cimetières.

POUPÉE SACRÉE
Trouvée dans la vallée de Pacasmayo, au Pérou, cette poupée est faite de tapisserie, de tissu et de roseau. Elle tient dans sa main une pelote de coton, l'une des plus anciennes plantes des Andes, attestée depuis 3000 ans av. J.-C.
La poupée pourrait être une déesse enterrée avec le défunt pour lui porter chance.

SERPENT BRODÉ
La péninsule de Paracas, au Pérou, est célèbre pour ses textiles anciens, retrouvés sur des momies-paquets. Certaines contenaient plus de cent vêtements de coton. Beaucoup sont brodés avec de la laine, et présentent des motifs d'oiseaux, d'animaux, de poissons, et même tout un bestiaire imaginaire.

EMPAQUETÉ
La culture chancay florissait sur la côte centrale du Pérou entre 1100 et 1476. Lorsque les Chancay issus du peuple mouraient, ils étaient enveloppés dans un tissu grossier et ensevelis dans de simples fosses, avec quelques objets. Mais les personnes de qualité étaient enterrées dans de grandes tombes. Elles comprenaient plusieurs chambres, destinées à abriter de somptueux présents. Cette femme a dû être enveloppée dans une natte de palmes; elle porte des vêtements de coton et de plumes; sa bouche est remplie de laine de lama et scellée par une plaque d'argent.

UN POT-ÉTRIER
Les Moche fabriquaient de fines poteries qu'ils plaçaient dans leurs tombes. Les pots ont généralement un bec en forme d'étrier; la tête d'un seigneur Moche forme ici le corps du pot. Les lobes sont étirés pour recevoir les larges boucles d'oreilles en forme de bobine qui étaient réservées aux hommes de haut rang.

Paire de boucles d'oreilles moche en or

UN CRI SILENCIEUX
Les musées mexicains conservent de nombreuses momies anciennes comme celle-ci. Les corps conservés, plus récents, sont devenus de véritables attractions touristiques : ces affreuses momies exposées à Wanna Watto, un vaste cimetière de Mexico City, n'ont pas plus de cinquante ans.

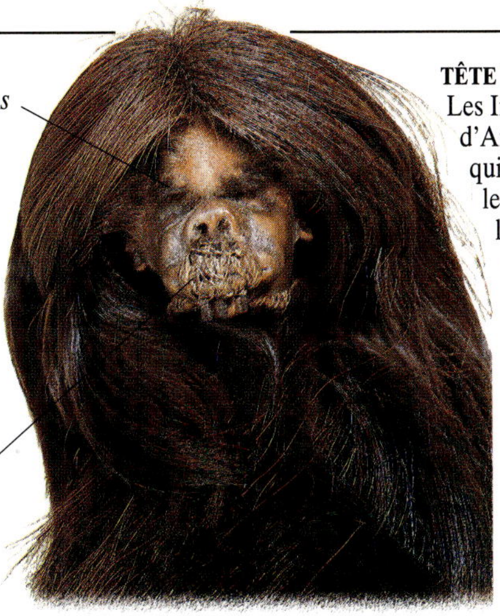

Yeux cousus

Bouche cousue

TÊTE RÉDUITE
Les Incas craignaient les Indiens Jivaros d'Amazonie qui faisaient partie des tribus qui réduisaient rituellement les têtes de leurs ennemis. Les Jivaros croyaient que l'âme du mort vivait dans sa tombe; en conservant la tête de l'ennemi, ils s'appropriaient une partie de la force spirituelle de celui-ci. Ils réduisaient les têtes d'au moins la moitié de leur taille originelle grâce à une technique sophistiquée qui prenait plusieurs jours. Ensuite, ils décoraient les cheveux avec des perles et des plumes. Les têtes trophées étaient appelées «tsantsa». Les guerriers les portaient autour du cou au cours de cérémonies rituelles.

Coiffure à nattes

FILLETTE CHILIENNE
A son apogée, l'Empire inca s'étendait de l'Equateur au nord, jusqu'à la Bolivie et le Chili au sud. Cette momie de fillette inca a environ cinq cents ans. Les Incas pratiquaient des sacrifices humains; en cas de sécheresse par exemple, ils choisissaient des enfants – avec l'approbation des parents – qui étaient momifiés et offerts aux dieux. Lorsqu'un roi mourait, certaines de ses épouses favorites et des serviteurs étaient tués à leur tour : ils étaient momifiés pour pouvoir accompagner leur seigneur et maître dans l'au-delà.

LES AUTRES MOMIES D'AMÉRIQUE

On a retrouvé des momies dans de nombreuses régions du continent américain, de l'Argentine à l'Alaska. Certaines des plus anciennes, du premier siècle av. J.-C., l'ont été dans le Kentucky aux États-Unis. Mais la plupart étaient conservées dans des grottes, comme celles des Navajos de l'Arizona. Le froid glacial a conservé les corps tatoués des Inuit, les Eskimos d'Alaska. Les habitants des îles Aléoutiennes voisines inhumaient leurs défunts dans des grottes volcaniques chaudes qui favorisaient leur déshydratation; certains des corps étaient éviscérés et remplis d'herbes sèches. En Amérique du Sud, on a retrouvé des momies dans d'autres régions que le Pérou, ainsi les Indiens Jivaros, en Amazonie.

Trace du tissu serré autour du corps

LES MAINS LIÉES
Cette momie de femme a été découverte avec treize autres corps dans une caverne près de Bogotà, dans les Andes colombiennes. Elle porte un collier de dents d'animaux et de coquillages sculptés. Elle a été éviscérée par l'anus; après l'avoir fumée, on lui a ensuite lié les mains autour de la poitrine.

Peau sèche et parcheminée

L'HOMME DES GLACES AURAIT PLUS DE 5 000 ANS

Un jour d'automne dans les Alpes, il y a plus de 5 300 ans, un voyageur épuisé fut surpris par une soudaine tempête de neige en haute altitude. Il tenta de trouver refuge dans une faille, entre deux arêtes rocheuses. Mais la tempête était si violente qu'il mourut de froid dans son abri. La neige recouvrit son corps, et il fut bientôt pris dans la glace. Les hivers se succédèrent, les siècles passèrent, les empires d'Égypte, de Grèce, et de Rome naquirent et s'écroulèrent, l'Europe fut ravagée par deux guerres mondiales ; mais le mort était toujours gelé, jusqu'au jour de l'été 1991, particulièrement chaud, où le corps fut à nouveau exposé à l'air. Dès qu'il fut découvert, on employa la technique de datation au carbone 14 pour évaluer son âge : elle a révélé que l'« homme des glaces », comme on le nomme maintenant, est mort entre 3350 et 3300 av. J.-C., ce qui fait de lui la plus ancienne momie bien conservée au monde. Des équipes de spécialistes étudient actuellement son corps, ses vêtements, ses divers instruments et armes. Des botanistes examinent les traces de végétaux retrouvées sur son corps, précieuses pour déterminer son origine. Toutes ces recherches dévoileront peut-être qui est l'« homme des glaces », comment il vécut et comment il est mort.

LA DÉCOUVERTE
Le 19 septembre 1991, deux alpinistes allemands trouvent un corps gelé au sommet d'un glacier à environ 3 000 mètres d'altitude, dans une partie reculée des Alpes, à la frontière italo-autrichienne. Le corps avait été partiellement découvert du fait d'une tempête exceptionnelle dans le Sahara, qui avait provoqué en mars d'immenses nuages de poussière qui sont retombés sur les Alpes. La poussière avait absorbé les rayons du soleil, et fait fondre la glace. Les médecins légistes qui arrivèrent sur les lieux ne comprirent pas tout d'abord à quel point le corps était ancien. Ils le sortirent de la glace (ci-dessus) et le transportèrent par hélicoptère à Innsbruck, en Autriche, pour qu'il y soit examiné. Au début, on en fit un Autrichien, mais des géomètres ont prouvé depuis que le corps reposait juste de l'autre côté de la frontière, en Italie.

LA DATATION AU CARBONE 14
Robert Hedges travaille à l'université d'Oxford, en Angleterre, dans le centre de datation au carbone 14. Il a mis au point une nouvelle technique qui lui a permis de prouver que le suaire de Turin, supposé être celui du Christ, ne pouvait avoir deux mille ans (à droite). La datation au carbone est particulièrement fiable sur les corps organiques qui contiennent une molécule, le carbone 14, qui disparaît régulièrement après leur mort. En déterminant le taux de carbone 14 subsistant, on peut alors évaluer l'âge d'une matière organique. Hedges a daté l'homme des glaces en analysant un petit échantillon d'os.

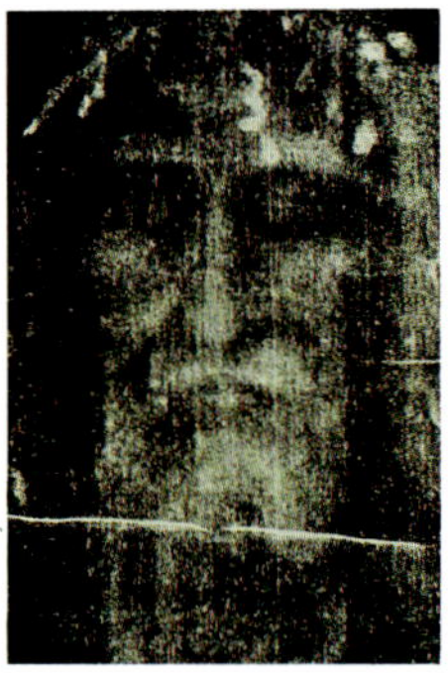

TRUQUAGE MÉDIÉVAL
Le suaire de Turin aurait enveloppé le corps du Christ, mais les analyses ont démontré qu'il avait été fait de toutes pièces au Moyen Age.

Carquois en cuir

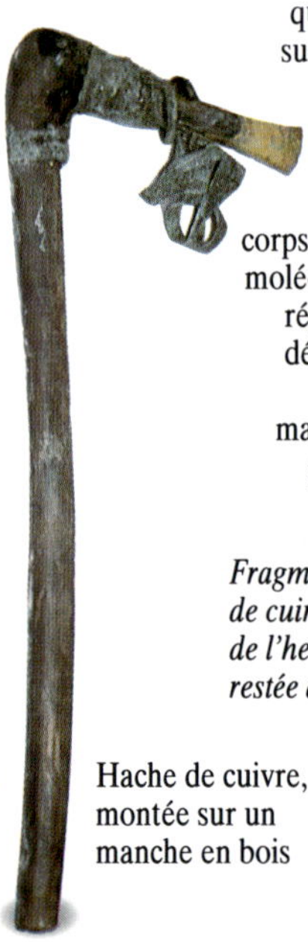

Hache de cuivre, montée sur un manche en bois

Fragment de chaussure de cuir, fourrée avec de l'herbe, et restée au pied

LES ARMES DE L'HOMME DES GLACES
Certains des objets retrouvés avec l'homme gelé sont extraordinaires. Il y a entre autres un arc et un carquois de cuir contenant douze flèches. Sa hache ressemble à des modèles connus de l'âge du bronze, 2000 ans av. J.-C., mais il se trouve qu'elle est en cuivre. C'est un objet étonnant, plus ancien et plus perfectionné que toute autre hache de cuivre découverte à ce jour.

RETOUR À LA GLACE
Une fois qu'il fut enlevé au glacier, l'homme des glaces commença à dégeler, et à se décomposer... Un fungus s'était déjà déclaré. Les spécialistes autrichiens le manipulèrent dès lors avec beaucoup de précautions, et le replacèrent finalement dans un congélateur à ses dimensions, à - 6 °C.

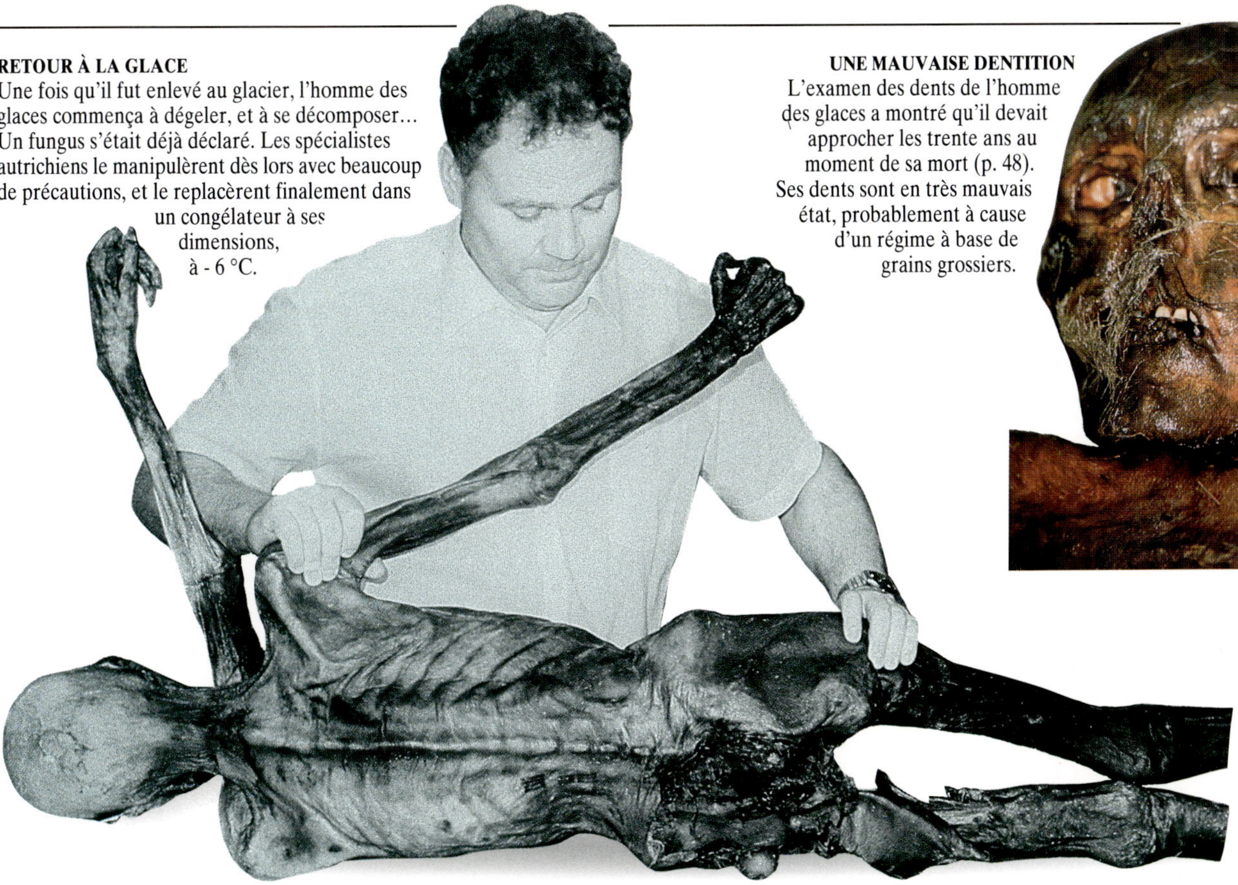

UNE MAUVAISE DENTITION
L'examen des dents de l'homme des glaces a montré qu'il devait approcher les trente ans au moment de sa mort (p. 48). Ses dents sont en très mauvais état, probablement à cause d'un régime à base de grains grossiers.

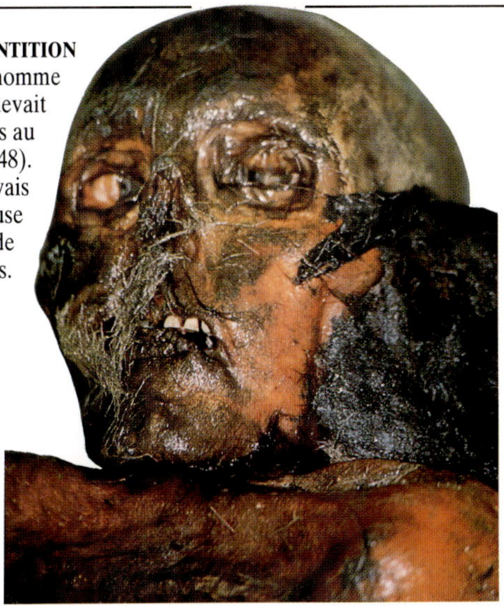

GELÉ AVEC SON TEMPS
L'homme des glaces mesurait près de 1,57 m, et portait plusieurs tatouages étranges. Il était équipé pour la montagne, habillé de vêtements de cuir, et ses chaussures étaient garnies d'herbe pour conserver la chaleur. Il avait également un sac et une cape et était armé d'une hache, d'un arc et de flèches. Un racloir de silex, enveloppé dans une bourse de cuir, devait lui servir à faire du feu. Mais que faisait-il avec tout cet attirail, si haut dans la montagne? C'était peut-être un chasseur, ou un colporteur venu d'une ville marchande. On n'a pas déterminé dans quel sens il traversait les Alpes : il a pu venir d'Italie, d'Autriche ou du sud de l'Allemagne.

LES MARAIS NOUS LIVRENT LEURS MOMIES

On a retrouvé des corps conservés depuis des siècles dans des endroits marécageux comme les tourbières. Ils sont le plus souvent découverts lors de l'extraction de la tourbe. La police s'y intéresse de très près, supposant qu'il peut aussi s'agir de morts accidentelles ou d'assassinats récents. Seule la datation au carbone 14 permet aux experts de déterminer la date du décès. C'est dans les marécages d'Europe du Nord, et principalement au Danemark, que l'on a retrouvé les momies les plus intéressantes, datant de la fin de l'âge du fer, dès le VIe siècle av. J.-C., jusqu'à la période romaine. Les corps bien conservés ont de nombreux points communs, et les archéologues les supposent issus d'une même culture. Ces hommes et ces femmes ont tous perdu la vie sur la terre ferme, puis ont été jetés dans le marais – qu'ils aient été exécutés ou sacrifiés aux dieux. Les nombreuses blessures suggèrent tout de même qu'ils ont été victimes de sacrifices humains au cours de rituels religieux, et les expertises médicales ont démontré que tous ont trouvé la mort au milieu de l'hiver.

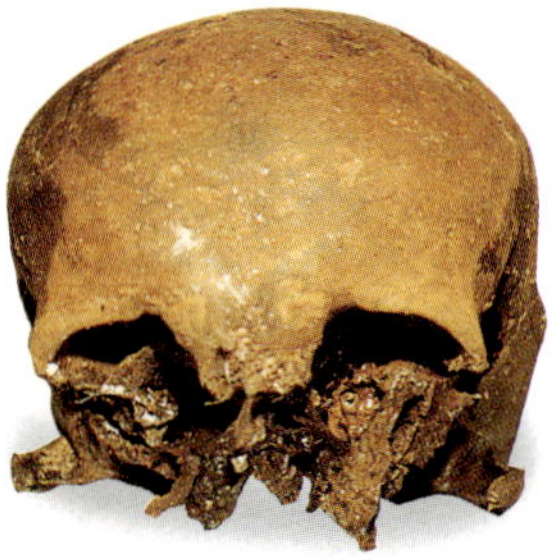

LA FEMME DE LINDOW
En 1983, deux tourbiers buttèrent sur une tête de femme à demi décomposée, dans le même marais du Cheshire, en Angleterre, où l'Homme de Lindow a été découvert l'année suivante . Un habitant de la région avoua avoir tué sa femme vingt-trois ans plus tôt : il fut jugé et reconnu coupable de meurtre. Mais la datation au carbone 14 révéla qu'elle était vieille de plus de 1 770 ans !

LA FEMME D'HULDRE FEN
Cette femme des marais a été découverte il y a plus d'un siècle à Huldre Fen, au Danemark. Elle est décédée en 95 apr. J.-C. Si la plupart des corps retrouvés ainsi sont nus, cette femme porte une cape en peau d'agneau, une jupe à carreaux et un foulard sur la tête, ainsi qu'un peigne en corne finement ouvragé et un collier de perles d'ambre. Tous objets qui supposent la richesse, et la haute position sociale.

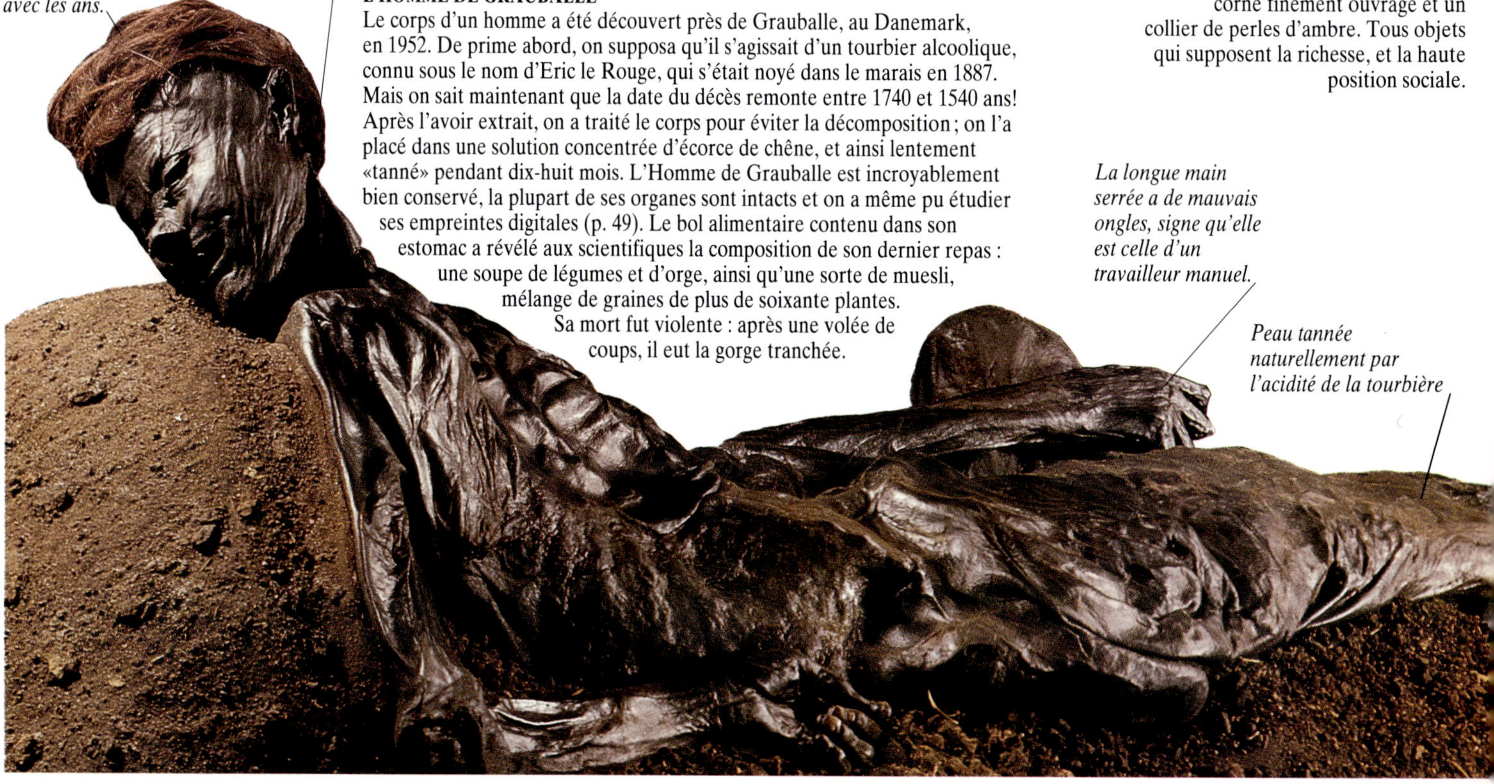

L'HOMME DE GRAUBALLE
Le corps d'un homme a été découvert près de Grauballe, au Danemark, en 1952. De prime abord, on supposa qu'il s'agissait d'un tourbier alcoolique, connu sous le nom d'Eric le Rouge, qui s'était noyé dans le marais en 1887. Mais on sait maintenant que la date du décès remonte entre 1740 et 1540 ans! Après l'avoir extrait, on a traité le corps pour éviter la décomposition ; on l'a placé dans une solution concentrée d'écorce de chêne, et ainsi lentement «tanné» pendant dix-huit mois. L'Homme de Grauballe est incroyablement bien conservé, la plupart de ses organes sont intacts et on a même pu étudier ses empreintes digitales (p. 49). Le bol alimentaire contenu dans son estomac a révélé aux scientifiques la composition de son dernier repas : une soupe de légumes et d'orge, ainsi qu'une sorte de muesli, mélange de graines de plus de soixante plantes. Sa mort fut violente : après une volée de coups, il eut la gorge tranchée.

S'ACCORDER SUR UNE DATATION
Les marais sont pauvres en oxygène, ce qui a pour effet d'empêcher la prolifération des bactéries qui sont responsables de la décomposition. La conservation du corps dépend en outre de la température de l'eau, et de la profondeur à laquelle il est immergé. Ci-dessus, une équipe d'archéologues et de spécialistes divers extrait de la tourbe le corps de l'Homme de Lindow. Ils ont prélevé des échantillons sur le corps et la tourbe, et les ont envoyés dans trois laboratoires différents pour qu'ils soient examinés au carbone 14. Bien que les résultats ne soient pas identiques, les experts s'accordent pour dater le décès vers 300 av. J.-C.

LES STIGMATES DU SACRIFICE
L'Homme de Lindow semble avoir subi plusieurs traitements mortels : une corde enroulée autour de son cou suggère qu'il a été étouffé ou étranglé, mais il a également été égorgé, et son crâne a été défoncé par des coups violents. Ces stigmates permettent d'imaginer qu'il est mort au cours d'une cérémonie religieuse, un véritable sacrifice humain.

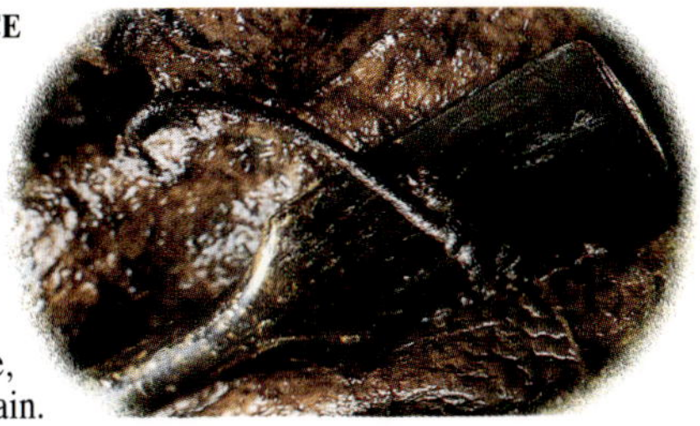

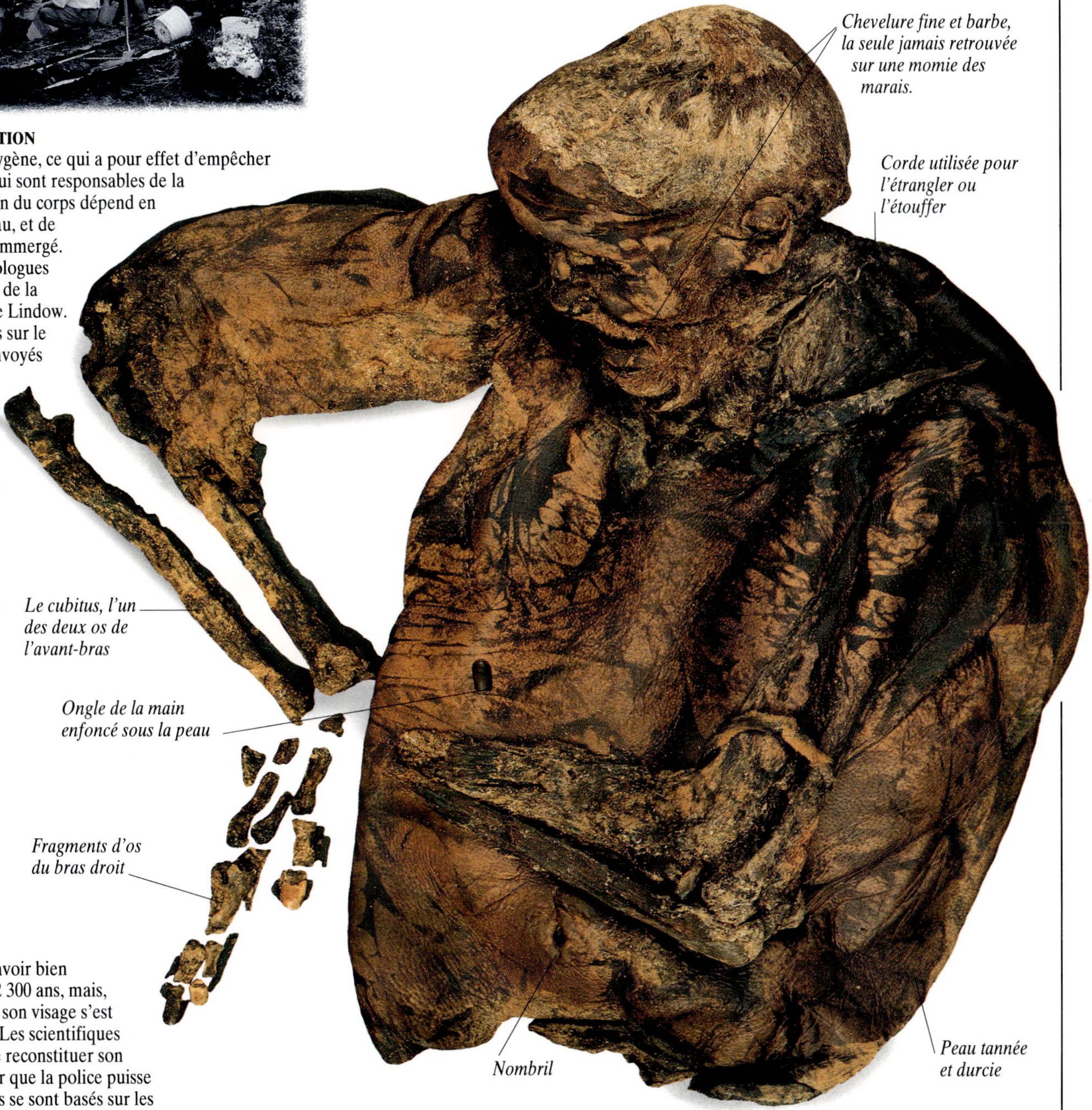

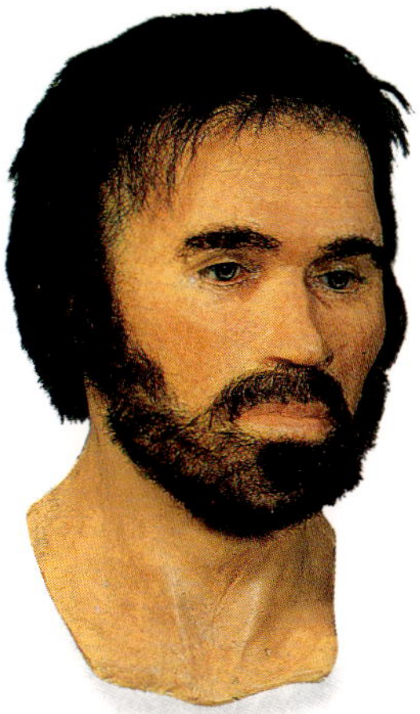

À QUOI RESSEMBLAIT-IL ?
L'Homme de Lindow devait avoir bien meilleure mine il y a près de 2 300 ans, mais, gisant dans sa tombe humide, son visage s'est déformé au cours des siècles. Les scientifiques relevèrent le défi de tenter de reconstituer son apparence, en particulier pour que la police puisse éventuellement l'identifier. Ils se sont basés sur les mensurations du crâne, et sur l'épaisseur de la peau et des muscles. L'excellent état des ongles de cet homme montre qu'il ne devait pas travailler de ses mains, et qu'il était peut-être un chef de clan.

L'HOMME DE LINDOW

En 1984, des tourbiers mirent au jour le corps d'un homme, dans la tourbière de Lindow Moss, en Angleterre. Il est devenu célèbre du jour au lendemain quand on eut révélé qu'il était vieux de 2 300 ans. Son corps a été l'objet de recherches fructueuses : sa dentition suggère qu'il était âgé de vingt-cinq à trente ans au moment de son décès ; il était en bonne santé mais souffrait de vers intestinaux. Le contenu de son estomac révèle que son dernier repas était constitué de céréales, et même de pain un peu brûlé.

EN SICILE, ELLES FONT PARTIE DE LA FAMILLE

Près de six mille momies occupent encore les catacombes situées sous une église de Palerme, en Sicile. Les plus anciennes, de la fin du XVIe siècle, sont celles des moines qui vivaient dans le couvent attaché à cette église. La coutume s'est étendue bientôt aux médecins, avocats et autres riches corporations palermitaines. Les moines embaumaient les corps eux-mêmes grâce à un procédé gardé secret qui prenait plus d'un an. Pas plus que les anciens Égyptiens, les Siciliens ne trouvaient leurs momies choquantes. Ils voyaient ces corps conservés comme un lien avec leurs morts, censés avoir trouvé la paix dans l'au-delà. Les familles emmenaient les enfants rendre visite aux grands-parents, longtemps encore après leur mort. Les visiteurs priaient et parlaient aux momies, les mettant au courant de l'actualité et leur demandant conseil pour des décisions importantes. On ne momifie plus depuis près de quatre-vingts ans, mais les moines font toujours visiter les catacombes aux touristes du monde entier.

LE PÈRE FONDATEUR
La plus ancienne momie des catacombes de Palerme est celle du père Silvestro da Gubbio, embaumé en 1599. Il a d'abord été descendu dans une cave aménagée, le *collatio*, où il était placé sur des canalisations en terre cuite; on l'y a laissé pendant douze mois, le temps que les fluides corporels soient drainés. On l'a ensuite remonté pour le faire sécher au soleil. Avant d'être habillé, le corps a été lavé au vinaigre, et enveloppé de paille et d'herbes aromatiques.

LES GARDIENS BARBUS
Les moines vivent au-dessus des catacombes et sont responsables des momies et des archives de ce cimetière souterrain. Ils appartiennent à l'ordre des Capucins, qui portent tous la barbe et des robes à capuchon.

LES HABITS DU DIMANCHE
Ces momies de femmes sont dans la partie des catacombes appelée «couloir des vierges». Leurs vêtements sont un remarquable témoignage historique sur les techniques et les formes vestimentaires : la dentelle en particulier. Les cercueils ont un côté rabattable, ainsi les proches de la momie pouvaient prier près d'elles en les regardant.

Les vêtements de couleur ont gardé toute leur fraîcheur

Etiquette indiquant le nom, l'âge et la profession du défunt

UNE DOUCEUR LAITEUSE
Au XIXe siècle, les moines mirent au point une nouvelle et meilleure méthode d'embaumement. Ils commençaient par tremper les corps dans de l'arsenic ou de la magnésie hydratée, le «lait de magnésie», qui a pour effet de conserver une peau douce et qui semble vivante.

Vêtement de coton, moins porté que la soie

UNE MORT POUSSIÉREUSE
Les moines sont actuellement moins de quarante pour entretenir six mille momies. Chaque année, ils les nettoient soigneusement avec un aspirateur.

Tête de momie sicilienne, reposant sur un oreiller

BEAUTÉ ENDORMIE
Rosali Lombardo, la dernière Sicilienne à avoir été embaumée, est morte à l'âge de deux ans. Son corps a été conservé grâce à un procédé mis au point par son père médecin.

LES MOMIES DES GUANCHES
On a découvert en 1770 une grotte volcanique contenant un millier de momies, aux Canaries, dans l'île de Ténérife. Elles appartenaient à l'ancien peuple de ces îles, les Guanches, qui ont conservé leurs corps pendant des siècles. Leur technique d'embaumement est proche de celle des Egyptiens. Ils éviscéraient les cadavres, puis les déshydrataient. Rares sont les momies Guanches qui nous sont parvenues, la plupart ayant été réduites en poudre pour des préparations médicinales.

LES MOMIES ONT LA PEAU DURE

Les aborigènes d'Australie, les habitants des îles du Torres Strait, entre la Nouvelle-Guinée et l'Australie, les Indiens d'Amérique, du Sud comme du Nord, ont tous utilisé les conditions naturelles pour momifier leurs morts. Dans les églises chrétiennes comme dans les temples bouddhistes, les corps de saints personnages ont été momifiés et exposés. Au XXe siècle, on a momifié des chefs d'État ou des célébrités, comme on l'avait fait dans le passé pour les rois et les saints. Des méthodes perfectionnées d'embaumement à la paraffine ont été mises au point par les Argentins ; on les a appliquées en 1952 pour conserver parfaitement la dépouille d'Éva, la femme du président Péron. Aux États-Unis de nos jours, à Salt Lake City, il est possible de faire embaumer et bandeletter selon les méthodes égyptiennes antiques un membre de sa famille ou son animal de compagnie.

AUTOPORTRAIT
Lorsque le philosophe anglais Jeremy Bentham mourut en 1832, suivant sa volonté on confia le corps à un chirurgien. Selon ses instructions, la tête fut momifiée; le squelette fut habillé avec ses vêtements de tous les jours, et couronné d'une tête de cire. L'ensemble est toujours exposé dans une vitrine de University College, à Londres. Bentham l'appelait lui-même son «auto-icône».

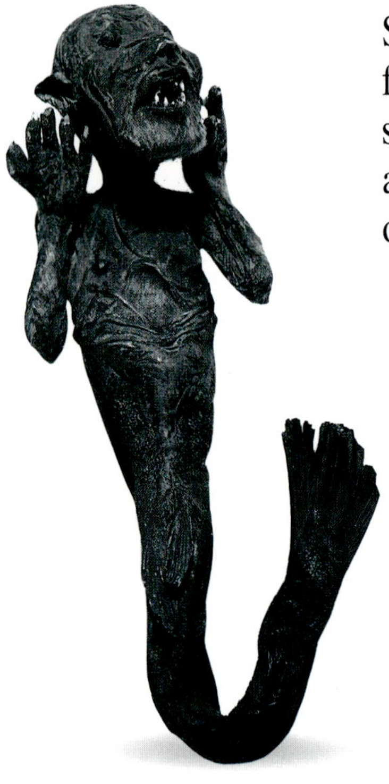

UNE MOMIE DE SIRÈNE ?
Les sirènes étaient un objet de curiosité en Europe dès le début du XVIIe siècle. La plupart provenaient d'Extrême-Orient, et du Japon en particulier. Cet homme-sirène momifié a été fabriqué à partir d'un corps de singe et d'une queue de poisson. Celui qui l'offrit à un prince anglais prétendit qu'il avait été capturé par un pêcheur japonais.

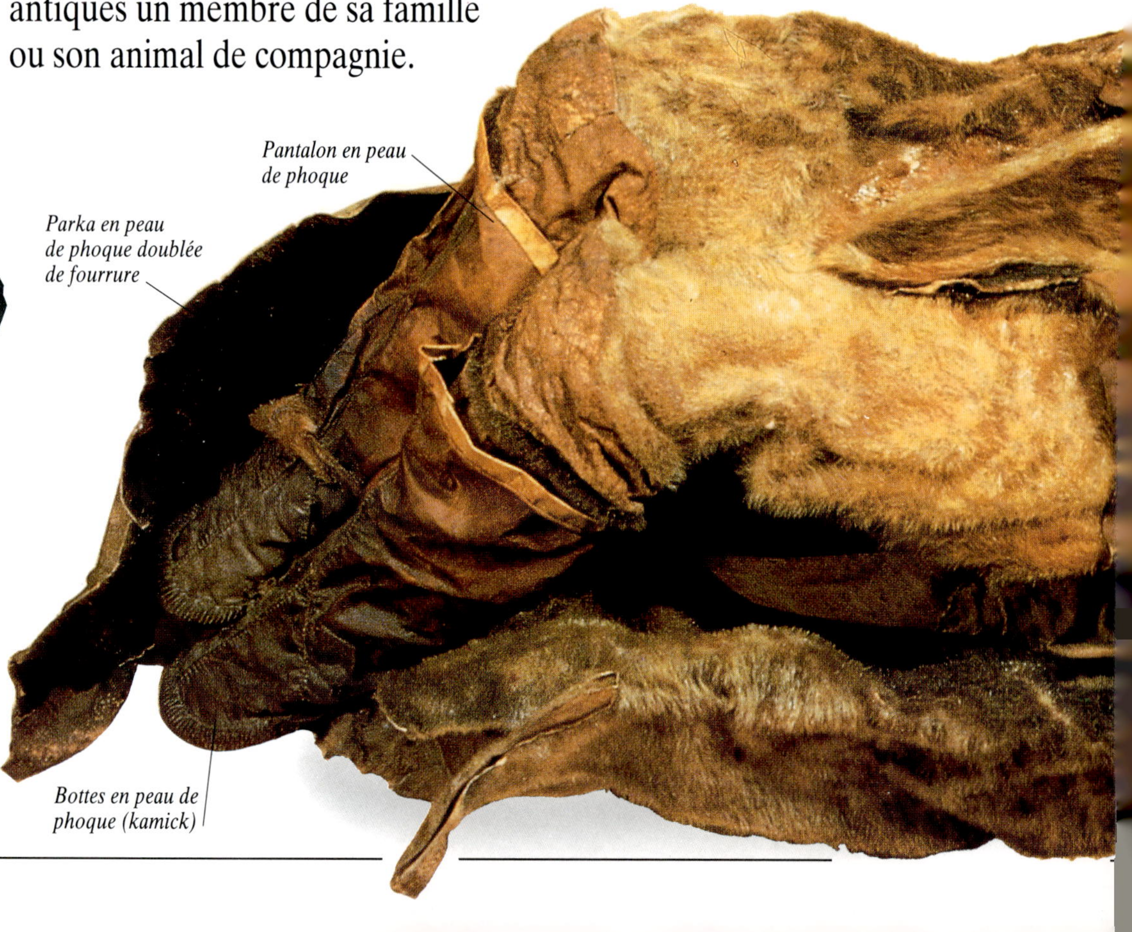

LA VÉRITABLE HISTOIRE DE LADY DAI

La dame Dai était une aristocrate chinoise, issue de la dynastie Han, qui mourut en 168 av. J.-C. Son corps a été retrouvé en 1972 dans la région du Yunnan. Elle était enveloppée dans vingt couches de soie et couchée dans un ensemble de six cercueils de bois. On avait scellé la tombe avec une boue argileuse, pour la rendre étanche. L'examen du corps a montré que la dame Dai a été embaumée par immersion dans un bain de sels de mercure. Elle est morte à l'âge de cinquante ans environ, atteinte d'obésité.

Examen de la dame Dai aux rayons X

2 160 pièces de néphrite, l'une des deux variétés de jade, assemblées avec du fil d'or

DESSÉCHÉ AU SOLEIL

Ce Néo-Guinéen pose fièrement avec un de ses ancêtres momifié. Dans certaines parties chaudes du globe, on plaçait le corps des défunts dans les branches des arbres où ils étaient déshydratés par le soleil. Les habitants des îles du détroit de Torres, entre la Nouvelle-Guinée et l'Australie, les accrochaient à des perches en bambou ; en allumant ensuite un feu au-dessous, ils desséchaient et fumaient les corps. Pour finir, ils peignaient la momie en ocre rouge.

UN HABIT DE JADE

Une princesse chinoise du IIe siècle av. J.-C. a été enterrée dans ce magnifique vêtement de jade. Elle avait espéré que la précieuse pierre verte la momifierait, mais sous les plaquettes de jade, le corps s'est quand même décomposé.

LES SCYTHES GELÉS

Les Scythes sont le peuple nomade qui régnait sur l'Asie centrale du XVIIe au IIIe siècle av. J.-C. Ils momifiaient leurs rois et leurs nobles avec autant de soin que les Egyptiens, pratiquant l'éviscération et rembourrant le corps avec de l'encens, du persil et des cheveux. Cette représentation d'un cavalier scythe ornait une pièce de feutre enterrée avec un seigneur. On enterrait également les chevaux momifiés avec leurs maîtres. Les guerriers étaient tatoués pour leur bravoure : on a retrouvé le corps de l'un d'eux entièrement couvert de tatouages. Certains *kourgane*, leurs tumulus funéraires de Sibérie, ont été congelés et ont parfaitement conservé les corps.

HABILLÉE DE FOURRURES

Cette momie de femme inuit est l'un des huit corps parfaitement conservés qui ont été découverts au Groenland en 1972 (p. 7). Elle est morte vers 1475, à l'âge de trente ans. La combinaison de l'air extrêmement sec avec le froid intense a naturellement lyophilisé son corps. Son vêtement chaud, fabriqué avec des peaux à fourrure, s'est lui aussi bien conservé. Les Inuit pensaient que l'âme du défunt aurait besoin de vêtements pour le long voyage vers le «Pays de la mort». Des photographies aux infrarouges ont mis en évidence la présence de tatouages sur son visage, ainsi que sur ceux des quatre femmes qui se trouvaient dans la même sépulture.

Doublure intérieure de la parka, en peau d'oiseau